生活勵志
070

讓不願平凡的你，全力以赴到感動自己

暢銷心靈作家
何權峰
著

高寶書版集團

作者序

世足十六強淘汰賽結束，八強賽程也全數出爐，隨著戰況進入白熱化，看轉播球迷更是緊張，有不少人還熬夜、請假觀戰。我以前不懂，以為只是個人嗜好罷了，直到最近當了「一日球迷」，才體會到，原來看球賽不只是看球，是在發現感動時刻。

一場球賽可以體驗的感動難以計量。有遍體鱗傷，仍咬牙奮戰；有三番四次挫敗摔倒，卻鬥志高昂；有被質疑和嘲笑，一樣表現漂亮精采；有陷入絕望，仍堅守到底；這一刻不放棄，下一刻奇蹟逆轉……那些一心一意為了一個目標而努力，為夢想奮鬥的故事總是最動人。

我相信，每個人都曾經懷抱夢想，充滿期待，不甘平凡，但礙於現實的殘酷，許多夢想在實現的過程中就夭折了。為何決心總是做不到？為何毅力難以持續？為何夢想都只是在想而已？

曾有雜誌問我：現在年輕人鼓吹夢想，但真正能做到的卻只有少數，你覺得問題出在哪？有辦法改善嗎？

其實方法多得是，辦法從來不是問題，問題在：你真的下決心改變嗎？多數人不是猶豫不決，拖拖拉拉，就是裹足不前，半途而廢，那麼什麼辦法會有用呢？

法國作家莫泊桑寫過這樣一句話：「生活不可能像你想像得那麼好，但也不會像你想像得那麼糟。我覺得人的脆弱和堅強都超乎自己的想像。有時，我可能脆弱得一句話就淚流滿面；有時，也發現自己咬著牙走了很長的路。」

全看你自己。生活可以將一個人的志氣磨盡，也能讓一個人出類拔萃。有時，為了活著讓人失去夢想；有時，也能讓人為夢想而努力活著。

要如何確定你的夢想？如果你想要一種東西，想得快發瘋了，不惜為它日夜操勞，願意放棄休息、睡眠，且迫不及待想去實踐它，這就是你的夢想。如果你願意付出你的全部，不論任何挫敗苦痛，都不能令你退縮，不論任何聲浪都不能令你放棄，那就是你的夢想所在。

貼身紀錄王建民永不放棄，在美國力拚重回大聯盟過程的紀錄片《後勁：王建民》，日前在洛杉磯亞太影展上演，不少現場觀眾看了都感動落淚。出席首映是王建民第一次看自己的故事，他說看完之後自己也被感動到了，他笑說：「鼻子都酸酸的。」

我・說・的・就・是・這・個。

人生最精彩的不是達成夢想，而是堅持走在夢想的道路上；最感人的不是得分勝利，而是全力以赴到連自己都感動——致不願平凡的你。

CONTENTS

3 你的成就，只能達到你願意忍耐的程度

4 你的自尊，若一直活在別人眼裡，就會死在別人嘴裡

CONTENTS

5 你的價值，不是靠淚水博得同情，是靠汗水贏得掌聲

6 你的智慧，就是當你平和喜悅，心裡的那個聲音

7

你的夢想，之所以遙遠，是因為你都只是在想而已

PART 1

你的人生，要有所作為，生活就必須有重點

人總是煩忙是因為什麼都想要，
之所以茫然是因為不知道要什麼。
人的一生有限，應該把時間花在自己認為最重要的事情上，
才不會陷入有求必應的泥淖；
不受一些雜瑣事干擾，才能專注於真正想要的東西。

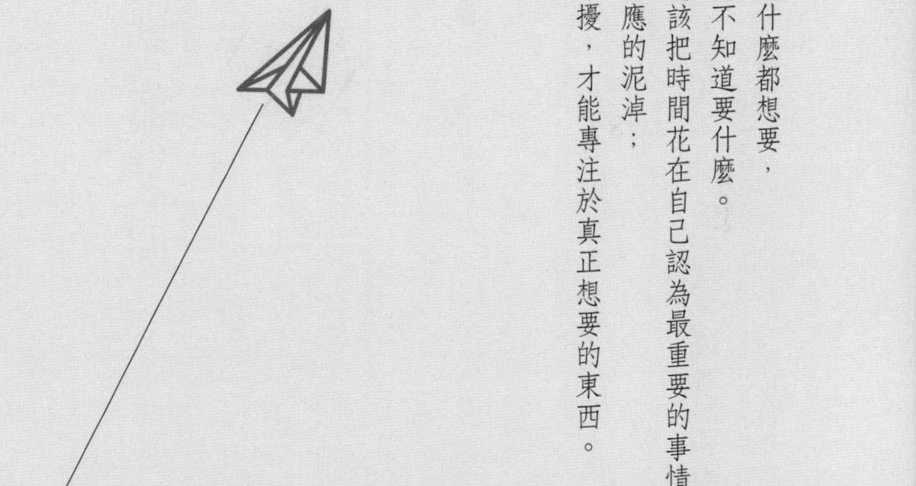

01
該做的事不做，就是浪費時間

陪小孩玩樂浪不浪費時間？
玩社團談戀愛浪不浪費時間？
每天都要睡覺浪不浪費時間？

什麼是「浪費時間」很難定義，因為時間不能存起來，我們所有時間都是拿來花用的，關鍵是花得值不值得，有沒有意義。

常看到新聞報導店家開幕，業者發送免費餐點，排隊人潮綿延，甚至有人大老遠開車，犧牲大半天的時間來排，每次看到類似情境我都在想：真的值

> 今天該做的事沒做，
> 明天再早也是耽誤了。

嗎？很多人誤以為的「免費」其實是「最貴的」。

許多爸媽擔心孩子玩社團，認為不好好讀書就是浪費時間，但參加社團可以跳脫學校「制式課程」，學習人際關係，提升溝通與解決問題的能力，發現興趣和有趣的事物，開拓視野，留下美好回憶。有些看似「浪費的」其實是「最珍貴的」——除非是玩過了頭荒廢課業。

那談戀愛是一件浪費時間的事情嗎？這全看個人，有人談了戀愛也許發現做別的事情才是浪費時間……真正的浪費是投入太多時間與生命在不對的人身上，最後虛度了青春與自己的大好人生。

沒有自覺，毫無累積就度過的時光是「虛度」

做每件事都有它的意義，沒有意義才是浪費時間。像每天看電視、追韓劇、打遊戲、滑手機。不知不覺就花掉一個小時或一個晚上。雖然沒有浪費一分一秒，但日復一日，一遍又一遍，很可能就這樣浪費了一生。

要知道「你的時間花在哪裡，成就在哪裡」。俠客會用「十年磨一劍」增強武藝，書生用「十年寒窗苦讀」求取功名；如果用十年的時間練琴，就可以行雲流水的演奏；如果用十年的時間練英文，就可以流利自如的會話；然而，如果用十年的時間喝啤酒配電視，最大成就應該是啤酒肚；如果用十年的時間滑手機，可能頸椎變形，高度近視，視網膜病變。年輕時或許很難體會這一點，滑來滑去的是我們有限的生命。

沒有自覺，毫無累積就度過的時光是「虛度」，有些事情則正相反，看似浪費時間，實則圓滿人生意義。像友情、愛情、親情，就是要花時間現身，才會有了互動、默契、信任與感情。疏於關心陪伴，不是沒時間，是你沒有心。

所謂管理時間，就是用最短的時間做最多的事

我們老是把「人生苦短」這句話掛在嘴邊。但即使嘴上這麼說，仍然任憑光陰白白流逝。很多人說：「怎麼一天又過去了？我什麼事也沒做成。」或是：「只要每天能多點時間，有好多事要去做。」但真正有了時間，卻又往往把它浪費掉。手上冰淇淋不快吃，任憑它融化滴滿地。

常聽學生抱怨：「通勤浪費了好多時間，總是被困在車陣中裡，什麼事也不能做！」我說：「通勤讓我多出好多時間，可以看書，聽英文，想一些計畫，擬定文章大綱，思考有趣的題目，可以做好多事！」

英國的管理學者帕金森曾提出一個有名的管理定律，他說：「如果你給一個人八小時做五件事，他會剛好花八小時把這五件事做完；但如果你一樣給他八小時，卻要他把十件事做完，理論上，他需要花兩倍的時間才能完成，但其實不然，他還是會在八小時內，完成指定的十件事情。」

所謂管理時間，就是用最短的時間做最多的事。時間不夠，是因為你沒有把每分每秒都當做珍貴的資源來對待。今天該做的事沒做，明天再早也是耽誤了。

時間是生命中最公平的一件事，而在每個人手裡的價值卻不同，你拿時間來做什麼，就決定你有什麼樣的人生。

你可以在十分鐘看完一份報紙，也可以看上半天。你可以一分鐘講完的事情，也可以閒聊一下午。

法國小說家拉布爾耶說：「最不會利用時間的人最會抱怨時間不夠。」問題的根源不在時間本身，而在於你怎樣利用它。

一分鐘可以做什麼事？一分鐘可以洗臉，一分鐘可以摺被子，一分鐘可以整理桌子。一分鐘可以閱讀一篇短文，背幾個單字，跑操場一圈，做二十多個仰臥起坐……生命是由無數個一分鐘組成的，如果我們珍惜每一分鐘，你就可以善用很多零碎的時間。

02 方向對了就不怕路長，有了目標夢想就不遠

你去旅行何時決定你抵達的目的地？是坐在飛機那一刻、或是飛機起飛時開始的，或甚至更早些？是當你開始計畫旅行的念頭，想著：「我要到日本、歐洲……」

沒有人會不知道目的地就去旅行。倘若你要開發一塊土地，你需要規畫一張藍圖；想要建屋，你需要一張設計圖；前往超市，你要知道買什麼；如果你到車站搭車，就必須知道目的地。要是你不知到往何處去，肯定彷徨又茫然。

人總是煩忙是因為什麼都想要，
之所以茫然是因為不知道要什麼。

不受雜瑣事干擾，才能專注於眞正想要的東西

多年來，唯一讓我沒有迷失在生活中的原因，就是我每天睡醒都會設定目標。有時候一整天的目標就只是與孩子好好溝通，而不是張嘴罵人；有時候我的目標是完成一項寫作計畫、整理花圃，或與家人度過美好的週末。有目標會讓我的心比較安定，因為設定的目標會提醒我，自己為什麼在做這些正在做的事情，做起事更能心無旁騖，充實滿足。

在每個人生階段，我也會給自己定下長遠目標及明確的完成期限。這是很好的律己之道。當你確定自己的人生目標之後，把眼光放遠，自然就知道什麼該做、什麼不該做。人總是煩忙是因為什麼都想要，之所以茫然是因為不知道要什麼。人的一生有限，應該把時間花在自己認為最重要的事情上，才不會陷入有求必應的泥淖；不受一些雜瑣事干擾，才能專注於真正想要的東西。

莊子說過一個故事：有個師傅替一位王公鑄劍，即使已經高齡九十了，他

展現的手藝仍是出神入化；不論多趕，他都不會犯任何一點小差錯。

有一天，這位王公問了師傅：像「這麼了不起的鑄劍功夫，是你天生的，還是你有什麼特殊的祕訣？」「訣竅在於將十分精力投注在要緊的事上，」鑄劍師傅接著答道：「我二十一歲迷上鑄劍，自此心無旁騖；除了劍，別的東西我不瞧一個正眼，也不分任何心思。鑄劍成了我熱情之所在，生活之所在；我把所有的精力省下來，用在鑄劍上，這就是我能鑄造好劍的祕訣。」

人要有所作為，生活就必須有重點。找到真正值得追求的人生目標，意味著明白活著是為了什麼，清楚在人生路上該朝哪個方向走，知道一生應該致力於什麼，而不是過一天算一天。

對未來失去胃口，生活就會變得索然無味

當你了解，自己一切努力是為了去成就一件有價值的事時，便不會計較眼

前的這些辛勞。看見明天的希望，會讓我們忘了今天的痛苦，在經歷低潮時，仍能堅持與勇氣。反之，對未來失去胃口，生活就會變得索然無味。

有句話說得好：「有目標的人在奔跑，沒目標的人在流浪，因為不知道要去哪裡。」別在不對的地方找你要的東西。努力並不是盲目的投入，而是你知道自己該往哪個方向走。如果你覺得人生迷茫，不想再糾結於現狀，快給自己設定目標吧！

想想，在生活中，什麼能驅策你不斷前進？是夢想、信念、工作、金錢、抑或是家人、愛人？把你的目標寫下來，經常拿出來看，方向對了就不怕路遠，有了目標夢想就不遠。

目標有多大，結果就有多成功。想要存錢買鞋子的人和想要買房子的人，他們賺錢、花錢的方式肯定不同；想拿滿分和只想及格的人，在學習的質量和態度上一定會有很大的差距。

《論語》中說：「取乎其上，得乎其中；取乎其中，得乎其下；取乎其下，則無所得矣。」意思是，一個人如果設定了上等的目標，最後可能只達到中等水平；而如果設定了一個中等的目標，最後有可能只能達到低等水平。

把目標定高些，讓自己更有原動力，激發出潛力。瞄準月亮，至少射中老鷹；瞄準老鷹，可能只射中雞。

03 你練習什麼，就會精通什麼

這篇名是摘錄自國際知名演講大師普仁羅華的短講中，一開始他以「熟能生巧」的老故事起頭。接著他問臺下聽眾：「你練習什麼？」其實，不論我們平常都練習什麼，最後一定會精通它。你練習詐騙，就精通詐騙，練習抱怨，就精通抱怨。所以重點是，「你的一生都在練習些什麼？」

這問題真是一針見血又意味深長。

再厲害的專家達人，
其實都是「練習」的結果。

從不會到會，祕訣都是重複練習

如果你常練習批評，就會精通批評；如果常練習日語，久了你會精通日語；如果你勤練啞鈴，臂部的二頭肌和三頭肌就越發達，練習次數增加，肌肉群的大小和力量也會增加。這不是什麼高深學問，而是重複練習的結果。

我們常覺得情緒不受控制，有時本來不想做的事卻不由自主地做了。決定不要生氣，後來還是生氣了，為什麼？因為你一次又一次重複同樣的言行或反應，習慣成自然。我們看見某人表現傑出，做事得心應手，表演出神入化，常心生羨慕，其實這不是什麼天賦異稟，而是熟能生巧。

一次貝多芬結束了精采絕倫的演奏後，身旁圍繞著讚美音樂奇才的人群。女樂迷衝上前呼喊：「哦！先生，如果上帝賜我如你一般的天賦，那該有多好！」

貝多芬答道：「不是天賦，女士，也不是奇蹟。只要妳每天練八小時鋼琴，連續四十年，妳也可以做得像我一樣好。」

在成長歲月裡，這個詞你或許聽過千百次。不論是彈鋼琴、學小提琴、舞蹈、踢足球、投籃，甚至騎單車、煎荷包蛋……從不會到會，祕訣都是「練習」。

罵人會罵習慣，生氣也會習慣，快樂也是一種習慣

習慣的養成也是如此。每天回家坐上沙發，順手打開電視機；吃東西狼吞虎嚥，邊吃邊滑手機；拖太晚才睡，在壓線的時間才趕著出門；喜歡撿便宜，愛吹毛求疵；喜歡吃宵夜，愛亂買東西……。這些行為被重複的次數越多，就越習以為常。就像開車一樣，當你熟練的時候就會自動執行。

學生時期熬夜讀書，常會訂外食，不知不覺養成吃宵夜、晚睡的習慣。之後我花了很長的時間，好不容易才戒除。之所以提起這件事，因為我是過來人，了解「積習難改」。

我以前是個性很急、看不慣動作慢的人，耐心不夠，容易生氣發火，還好隨著年紀增長，我的功力也有所進步。其中祕訣無他：不斷磨練耐心。每次要發火的時候，就忍著性子，最初練習是十秒鐘。下一次，延長為三十秒，不斷加長這個時間，下一次，再試著延緩一小時，一天、一星期、甚至一個月才生一次氣。

罵人會罵習慣，生氣也會習慣，快樂也是一種習慣。如果問你，你認識的親朋好友中，哪一個最快樂？你只要稍加思索便馬上可以回答出來。因為，他們一直在表現這種習性。更直接的說，他們是不斷「練習快樂」的結果。

所以，要意識到自己在練習什麼，有一天你會精通它。

你最常練習的是什麼？是出色的才藝或技能，還是負面的情緒或習慣？

隨時問自己：這個言行、這個動作、這個反應、這個習慣，在一週後、一個月後、一年後會產生怎樣的結果？

有人很樂觀，這是因為「練習」而來的，有人很負面，這也是「練習」而來的。一個人喜歡挑剔，就越來越精通挑剔；習慣放棄，藉口就越來越多；不斷正面思考，思考就越來越正面；常練習感恩，值得感恩的事就越多。

04 人雖有兩隻腳，卻不能同時爬兩棵樹

相信許多人都有一心多用的經驗：邊走路邊說話，邊彈琴邊唱歌，邊工作邊上網，邊玩手機邊讀書，還可以與朋友閒扯個幾句……一次應付很多事，左右開弓，感覺能力很強，很有效率。我們會聽到不少人得意的說：「我可以同時做許多事。」

真是這樣嗎？這其實是一種錯覺，只有下意識的動作，不需要思考才行得通，若需要專注力的就不行。

神經科學早就做過研究：人腦並不具備同時做兩件事的能力，最多只能快

大多時候我們學習表現變差，
工作無法完成，都是「分心」來源太多。

速地從一件事轉移到另一件事。你可以試試，一雙眼睛同時盯兩個節目看，一次聽兩個頻道電臺，同時聽兩首你喜歡的歌，結果必定目不暇給，一團混亂。

本質上來說，我們越是一心多用，越拖慢速度、工作效率變低，而且記憶力與專注力都會下降，容易犯錯，能夠完成的任務就愈少。

集中時間與心力，一個時間裡只做一件事

常有一些學生說：「我也很想專心用功，但我就是做不到！」許多人在工作、生活上也會碰到同樣困擾：「為什麼我很容易分心，無法迅速集中精神。」「太多事導致分心，代辦事項永遠做不完。」有什麼方法改善？

大多時候我們學習表現變差，工作無法完成，都是「分心」來源太多。像手機、漫畫、雜物、電動玩具等等，最有效的方法是移除，盡量讓你的目光不會看到、想到那些會讓你分散注意力的東西。

再如把電腦視窗只開你作業需要的部份，其他線上遊戲、網路購物都關掉。有時東摸摸、西摸摸；不時的查看Line、瀏覽臉書，時間一溜煙就過了。

那要如何提升專注力？集中時間與心力，「一個時間裡只做一件事」。工作時就認真工作，讀書時專心讀書，要玩就認真玩。無論做什麼事情，集中精力完成一件事情後再去做另外一件事情。

想像你參加比賽，必須將兩隻小豬抱到一百公尺遠的地方，想一口氣抱兩隻，那就永遠沒完了，因為老是有一隻會從你的臂彎裡溜走。

以前孩子念中小學時，下課會想「偷個懶」，先看電視或先玩一下再寫功課。通常只要他們提出，我都會答應。因為孩子的心已不在課業上，即便關掉電視或反覆提醒也無濟於事，不如看完電視再做，心定了做事才有品質。反過來，也可以把作業定在他想看節目播放或是從事的活動的前一小時，這樣孩子多能精確有效地完成。

與一般刻板印象不同，我看過許多優秀的員工和學生，都是會讀書、會做事又會玩。因為集中心力，所以能做得快又有效率，就能夠有時間去完成更多的事。

同時追逐兩隻兔子，將一無所獲

其實，不論你從事哪一行，不管你要應付多少事，要兼顧全局的唯一辦法，便是專注於眼前的事就好。美國第一位女性國務卿歐布萊特在她的暢銷自傳中，提供了一份應做事項清單作為例子，上面寫著：

1電赫姆斯參議員

2電胡笙國王

3電幕沙外長

4電眾議院議員們

5準備中國會議資料

6 買脫脂優格

你可以發現，歐布萊特女士，一次也只能做一件事，雖然如此，最後她仍把所有事做好。她不會把致電赫姆斯參議員的心情，帶到胡笙國王的電話上；而開完有關中國的會議後，肯定也不會把同樣的心情，帶到她購買脫脂優格的超市裡，那就是為什麼她在多年身兼母親、妻子、大學教授、外交官的各種角色，都能有出色表現。

一句有千年歷史的格言說道：「對任何事情來說，如果你一次只做一件的話，一天的時間已經足夠；但如果你一次做兩件事，連一年都不夠多。」人雖有兩隻腳，卻不能同時爬兩棵樹。同時追趕兩隻兔子，將一無所獲。

想成為高效能的人嗎？祕訣就是全神貫注、一次做好一件事。

拿一張小卡片，在上面寫著「此刻，我在做什麼？」，隨時提醒自己，並隨時意識到自己正在做什麼。比方購物的時候把注意力集中在購物上，聽別人説話時，專心聆聽對方説的內容。

一旦你能夠控制注意力、專心在你正在做的事，就會有最好的表現。

05 不為模糊的未來擔憂，只為清楚的現在努力

有一個學生，她代表參加一場球賽。球賽前的一個禮拜，她聽說敵對有位球員實力很強。她很擔心，整個禮拜都在想這件事。比賽當天，由於她太想力求表現，反而連連失誤，最後輸掉了比賽。

許多人常有一種錯覺，以為擔心就是關心，就能有助於問題的解決。這當然是錯的，你怎麼可能藉著你的焦慮、緊張和不安，把問題處理好。

回想一下你曾憂慮的事：生活負擔、父母健康、孩子未來、親密關係、婚姻狀況、工作前途、財務困擾……最後曾因你的擔心而有改善嗎？

你無法一邊擔憂問題，
另一邊又把問題處理好。

有人擔心表現失常，但越緊張就越可能失常。有人擔心晚上失眠，結果因擔心而失眠。許多擔憂自己會受苦的人，已經因自己的擔憂而受苦了。擔憂無疑是祈求自己不想得到的東西，這不是庸人自擾？

最要緊的，是把自己手邊的每一件事做好

某次記者問到麥可．喬丹如何在關鍵時刻投進致勝球？會不會怕失誤？

喬丹反問：你的意思是說，我會不會擔心投不進球？為什麼我會擔心投不進一個我還沒有投的射球？

一個選手如果老擔心會輸，自然無法有最好的表現，結果失分連連也就不足為奇。當心裡掛記著上一個失分，而無法專注地打下一球時，沒錯，又丟了一分。接著又開始擔心：「萬一再打不好怎麼辦，那就完了！」結果又猜中了！

優秀的選手，會將眼光集中在當下，而不要去想下一場或下一節比賽的可

能狀況。一個懂得生活，做事有效率的人會專注在此時此刻，而不是下一刻，下一件事、下一個目標、下一段旅程、下一個假期……。

我想起牛津大學教授威廉・奧斯勒年輕時的故事：

當時他懷抱著很多理想，但又對未來和前程非常困惑。繁重的學業讓他懷疑自己無法通過考試；不知道自己未來該做什麼，會在什麼地方，能否創造出自己的事業，更不知道明天該怎麼生活。迷惘中，他隨手翻閱了老師推薦的一本書，在書中他讀到一句話讓他眼前一亮：「最重要的，就是不要去看遠方模糊的，而要做手邊最具體的事情。」

他恍然大悟：是啊，不論多麼遠大的理想，都需要一步步實現；不論多麼浩大的工程，都是一磚一瓦疊起來啊！

他明白了，他終於找到人生的答案。他知道，那些遠大的理想，應該讓它們高懸在未來的天空裡，最要緊的，是把自己手邊的每一件事做好。

兩年以後，威廉斯勒以全校最優異的成績畢業。後來到一家醫院服務。他認真對待每一個病患，每一次看診都一絲不苟。兢兢業業的態度和精益求精的精神，很快成了當地的名醫。同時也是醫學史中被受尊崇的人物，現今各地醫學院的臨床教學模式深受他的影響。

是啊！最重要的是把手邊的事情做好。因為我們只能活在當下這一刻，只能處裡眼前正在發生的這件事，我們無法處理還沒發生的事，對嗎？

一天的難處，一天當就夠了！

聖經上說過：「不要為明天憂慮，因為明天自有明天的憂慮；一天的難處一天當就夠了。」我們活在今天，只要做好今天的事就好了。不必擔憂未來的事，因為擔憂也沒有用。你還記得一個月前，一年前所擔心的事情嗎？它們是如何解決的？你難道不是為了它們當中的大部分，浪費了許多精力而一無所獲？

現在把你的憂慮存貨清查一番，看看它們當中有多少是沒有道理的。假如你對自己夠誠實，你將發現它們多半都是沒有根據。

問自己：「這件事情發生的機會究竟有多少？」「可能發生的最糟情況是什麼？」通常你會發現，事情不可能壞到那樣，你只要定義清楚，並且把後果考慮一遍，往往就能夠降低問題所帶來的壓力與恐懼。

既然你已作了最壞打算，如果真的發生了，便只有接受，並想辦法不讓事情惡化，剩下來的便沒有什麼好擔心的了。

不為模糊的未來擔憂，只為清楚的現在努力。一天的難處，一天當就夠了！

許多專家建議每天撥出半小時作為「憂慮時間」，只是千萬別把憂慮時間排在就寢前一小時內。當你因為憂慮而無法專心時，就告訴自己待會兒有半小時可以好好的操心。到了「憂慮時間」，如果已經忘了那些事，就表示那個問題不值得擔心。

你也可以把擔憂放進「週六盒子」。為自己準備一個空盒子，每當有困擾的想法和煩惱時，就記下來擺在盒子裡。然後就不必管它們，到了星期六早晨，再看看這些擔憂。你將發現，十之八九已經不重要，就連必須解決的幾項，也變得簡單多了。

PART 2

你的能力，只能發揮到你願意做的程度

人們往往低估自己的能力，
而不相信自己能夠做到自己都無法置信的的事。
倘若你給我一大袋沙子，我可能抬不動，
若送我一大袋金子，我不但抬得動，還能用跑的。
人的潛能遠超過自己想像。

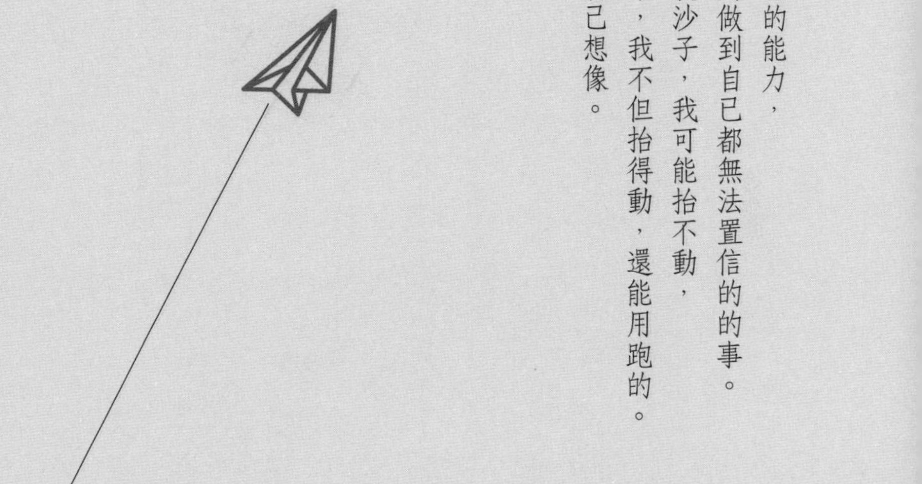

06 未全力以赴，就不要說自己不行

有位學生計畫往音樂界發展。他既會寫曲，又會演奏樂器，想出去一展身手。我說：「很好，但我想知道你是抱持什麼樣的心態。」

「呃，我想我會盡力而為。如果沒成功，也沒關係，我會坦然接受。」

我告訴他：「盡力而為是不夠的，你要全力以赴。這樣的心態才對。」成功是一種心態，不是想要而已，而是一定要。

在一則古老的寓言故事裡，提到一隻大言不慚的狗，牠常常在人前誇自己跑得比飛毛腿還快。一天，這隻狗追隻兔子，追了老半天卻空手而回。於是同

只要盡了全力，就沒有對不起自己，
全力以赴了，就沒有遺憾。

伴們就大肆譏諷，笑牠沒用。狗兒開口說話了：「你們要明白一點，我追兔子純粹為了好玩，而兔子卻是為了生存！」

狗之所以不盡全力，就因為牠覺得無關緊要，但對兔子來說，卻是性命攸關的大事。這是決心的問題。你的能力，只能發揮到你願意做的程度。很多時候，很多人的失敗，是根本就沒有全力以赴。

未用盡全力，就不要問爲什麼不成功

常有人問：明明很認真，為什麼不成功？我盡力了，還是沒辦法？捫心自問：你真的盡到力氣全出，沒有任何保留？你真的全力以赴了嗎？

《珠璣短文》有段話發人深省：美國前總統卡特在自傳提到，他就讀海軍官校期間，海軍上將李科弗問起他的成績，他挺起胸膛，得意的回答：「長官，全班八百二十人，我考第五十九名！」然後往椅背一靠，等上將的稱讚。可是他沒有得到稱讚，只是再問：「你那時盡力了沒？」

卡特心虛的回答：「沒有，長官，我並沒有自始至終都全力以赴。」

上將對他看了一會，然後問了卡特最後一個問題，是他一輩子都不能忘記，也一輩子都無法回答的問題。上將說：「為什麼？」

未全力以赴，就不要說自己不行；未用盡一切辦法，就不要說自己盡全力了；未用盡全力，就不要問為什麼不成功。

當別人停下來時，就是你超越的機會

成功，不是偶然。所有的成功都離不開汗水，離不開勤奮不懈。相信有看NBA的人都知道籃球巨星科比．布萊恩。記者問科比的成功祕訣是什麼？「因為我見過每天早上四點鐘洛杉磯的樣子。」科比說，十多年來，每天洛杉磯早上四點大多數人都還在睡夢中時，他就起床去湖人隊訓練房了。

曾兩度被《時代》雜誌封為「印度洋最偉大的料理」的米其林星廚江振誠，堅信「勤能補拙」，他說：「願意花多少時間，就能培養多少能力。如果別人八點到廚房，你就六點到；別人六點到，你就四點到，然後練習、練習再練習。」被美國《商業周刊》譽為全球最佳企業家的李嘉誠，也曾以自己的經歷為例，告訴學生：「我年輕時打工，一般人每天工作八到九個小時，而我每天工作十六個小時。」

有一句話這麼說，「比你優秀的人不可怕，可怕的是比你優秀的人比你更努力。」那些人比你厲害還比你勤奮，你有什麼理由不努力？

當別人停下來時，就是你超越的機會；以後你會感謝自己，好在當時那麼努力。分享一段科比的話，他說：「當我退役的時候，我希望回頭看我走過的路，每一天，我都付出了我的全部！」

這也是我想傳達的。只要盡了全力，就沒有對不起自己，就沒有遺憾。就算最後沒有達成夢想，還是可以問心無愧地說：我已經全力以赴了。

如果有一個木板架在兩座大樓中間，從A大樓走到B大樓，可以得到一萬元獎金。很多人都會放棄。然而，倘若對面大樓失火了，你的家人愛人在對面，唯一能救他們的方式就是走過這木板，每個人都會奮力一搏。

人們往往低估自己的能力，而不相信自己能夠做到自己都無法置信的事。倘若你給我一大袋沙子，我可能抬不動，若送我一大袋金子，我不但抬得動，還能用跑的。人的潛能遠超過自己想像。

07 真正使你掣肘的，是你認為自己無能為力的想法

在讀者文摘的珠璣集內，我曾看到這樣的一句智慧哲語：理論上，土蜂不能飛，牠自己不知道，卻飛得高高興興！

這句短短的哲語，帶給我極大的啟發，並激勵我在往後的歲月裡，無視一切艱難險阻，「高高興興」地為實現自我的理想而努力。

每當我想要為自己屈服於現實的狀況找臺階下時，就讓我想起無視於「理論」的土蜂。我相信任何一個有成就的人，也從不屈服於任何失敗的「理論」。

遺憾的是，大多數人不相信自己，老是貶低自己。我不行，我做不到，我

生活中的許多事，並不是我們不能做到，
而是我們不相信能夠做到！

沒有背景，我的頭腦沒他好，我的能力不如人，我不擅長這方面，我總是做不好……，他們不為成功找方法，反而為失敗找藉口。這等於放棄給自己成長的可能，甚至毀掉自己的一生。

那束縛侷限住自己的，通常就是自己

有人問：我要怎麼相信自己？我有時候連設定鬧鐘都不一定能起得來了？當然，如果連你都認為做不到，那就永遠都做不到。就算所有人都說你做得到，你還是會想盡辦法證明自己做不到。這真的不是能力的問題，而是信念和決心的問題。

我曾問過一些學習動力不足的學生，不願意努力的理由。他們往往聳聳肩地告訴我：「反正努力也沒用，以前試過了，結果還是很糟。」

也常聽到人們訴說人生遇到的問題和無奈，但是當我問：「既然你都知道你有這些問題，為什麼你不去改變呢？」得到的回答竟是：「沒辦法，我的個性就是這樣。」「我做不來，我辦不到」。

如果做不好，就不要做。那是不是書讀不好，就不要讀；菜煮得不好，以後就不要煮；工作做不好，乾脆就不要工作；話說得不好，從此就不要說話？

當一個人將自己視為一條蟲，那麼，這個人除了會扭曲蠕動之外，還會做什麼呢？一條蟲想跨越大河，就必須相信自己，並努力讓自己成一隻蝴蝶。

曾有人反問：「難道相信自己，人就能飛嗎？」但是如果真的相信人不會飛就什麼也不做，就沒有人會發明飛機了。

雖然人沒有翅膀，要飛是不可能的事，但萊特兄弟沒有說「我辦不到」，卻相信自己，堅持下去，而今人類可以在天空飛翔。雖然雙目失明，米爾頓仍然寫作；雖然耳聾，貝多芬仍然作曲；雖然雙手風濕變形，雷諾瓦仍然畫畫；雖然失明又失聰，海倫凱勒仍完成哈佛大學的學業，到處演講鼓舞人心。

人之所以能，是因爲相信能

許多人本來可以做大事、立大業，卻過著平庸的生活，原因就在於他們畫地自限，沒有遠大的希望，不具有堅定的信念和決心。當你能跳的時候卻蹲在那裡，很難想像，在今後的人生中做出怎樣的成績。

每個人都擁有無限的潛能，要知道，再偉大的事也是靠人做出來的。既然別人可以，為什麼你不行？你有沒有想過，真正使你掣肘的，是你認為自己無能為力的想法。

自古以來，人們認為四分鐘內跑完一英哩（約一點六公里）是不可能的事。但是當羅傑·班納斯特以三分五十九秒破了這項紀錄之後，隨後一年內就有多人打破四分鐘的紀錄。為什麼人們能開始「破紀錄」？難道人類的身體機能在這一年改變了嗎？

當然不是，人們突破和改變的是「自我設限的想法」。

生活中的許多不可能，並不是我們不能做到，而是我們不相信能夠做到；不是無法成功，而是我們的理由和藉口，自己先放棄了。不是別人不相信，而是我們自己都懷疑自己。那束縛侷限住自己的，通常就是自己。

李嘉誠說過的一段話：「當我騎自行車時，別人說路途太遠，根本不可能到達目的地，我沒理，半道上我換成小轎車；當我開小轎車時，別人說，再往前開就是懸崖峭壁，沒路了，我沒理，繼續往前開，開到懸崖峭壁我換飛機了，結果我去到了任何我想去的地方。」

白手起家的名人傳記最能激勵人心，為什麼？因為他們不相信命運奈何得了他，就像無視於「理論」的土蜂，他們並不是因為成功而變的有自信；而是因為對自己有信心而成功。

人之所以能，是因為相信能。一隻站在樹上的鳥兒，從來不會害怕樹枝斷裂，因為牠相信的不是樹枝，而是牠自己的翅膀。

一個人的表現=能力-限制。

舉個例子，有兩個人，A的能力有九十分，但是限制卻有五十分；另一位B的能力只有八十分，但他的限制只有十分。在成功的可能，是A的機會比較高呢？還是B？

毫無疑問，是B。

大多的時候人的表現有落差，都不是能力的問題。因為人的能力並不會突然消失，而是自己先「設限」——有太多懷疑、恐懼、焦慮不安、及自我侷限的信念，會阻礙一個人的表現，讓自己變得無助，容易放棄努力。而相信自己的人不會設限，一個人若對自己充滿信心，會再接再厲，堅持下去，獲得成功的機會就越大。

沒錯，當你說：「我不會！」你就永遠不會；當你說：「我做不到！」你將永遠不能做到；當你說：「我再試試看！」「如果我努力，我就能改變！」則充滿無限可能。

08 不管你認為自己做不做得到，你都是對的

每一個想法都會變成實際的。如果你認為自己很倒楣，就常會遇到倒楣的事；假如你相信自己很愚笨，那麼你一生都會愚笨；如果你覺得自己快生病了，你很可能會因而生病。

我認識一位朋友，他鼻子有過敏的問題，尤其對花粉特別敏感，只要接近花朵，鼻子不由自主就會癢起來。有一回他一進房間就打了好幾個噴嚏。

「怎麼？又過敏了是嗎？」

他指著桌上的花朵說，「嗯，我是對這些花過敏的。」

> 無論你相信什麼，只要深信不疑，
> 就會成真。

「對這些花？」有沒有搞錯，我說：「那些都是塑膠花耶！」

就像看恐怖片的時候，我們會呼吸急促、直冒冷汗，心臟快跳出來。事實上，那只是螢幕，眼前並沒有恐怖分子，沒有壞人，沒有發生災難。但是當我們信以為真，就會變真實。

你可以做一個實驗：想像你手中握著一顆新鮮的檸檬，然後拿刀把檸檬切成兩半，想像一下你把檸檬汁擠進嘴巴的感覺。好，再咬一口，當檸檬汁濺灑在你嘴角四周，是否感到一陣非常酸的檸檬味呢？

現在，注意一下你的反應，嘴裡是否開始分泌唾液？

任何被認為是眞實的東西就會變成眞實的

我曾看過一場表演。催眠師要一位觀眾在桌子上躺下，他催眠了這個人，然後告訴他說，現在他的身體硬得如同一塊鋼板，他搬出兩張椅子，分別放在這個觀眾的頭和腳部，以支撐他的身體。然後他把桌子移開，這個觀眾的身體僅由兩張椅子支撐頭腳，竟能保持著平躺在桌上的姿勢，他的身體真的有如鋼板一樣堅硬。

之後，在同一個表演裡，有更多的觀眾也被催眠了，這一次，催眠師告訴他們說：他們無法拿起放在桌上的自來水筆，他告訴他們這個自來水筆比兩噸重卡車還要重，無論如何都不可能拿得起來的。

他們一個一個接著去拿這隻筆，我特別記得其中一個人，長得人高馬大。當他試著要去拿起這隻筆的時候，他的臉漲得通紅，手臂的肌肉緊緊的鼓起來，血管暴露出來……可是，他還是無法把筆拿起來！

為什麼？因為他們「相信」自己拿不起來。

在醫療上我看過很多例子。最常見的是，醫生在開處方時，說出類似這樣的話：「試試看，這些藥應該有點幫助。」那個效果將會大打折扣。可是，如果醫生開處方時，懇切地告訴病人：「試試看，這是目前最有效的藥，每個用過的人反應都非常好。」效果就會大增。

有些人硬是覺得，貴的藥就是比便宜的有效。而不少研究也顯示，病人對醫生的信心，比醫生的處方更能影響診療結果。

不管你認爲自己做不做得到，你都是對的

佈道家舒樂有一句經典名言：「有些人愛說『看了才會相信。』，我卻說『信了才會看見。』」

一個思想消極的人，實際上是在進行自毀的過程。不斷散發出負面思想，想著最糟結果，極易使自己預言成真。相反地，許多成功的人物之所以能夠「心想事成」，是因為他們具有按照成功來思考問題的習慣。他們心裡所想，行為所做的都是朝向成功，因而最後都成為事實。

以「洛基」和「第一滴血」系列片揚名國際的美國影星席維斯史特龍，有

次受訪，被問到其中一個場景。在那幕中，洛基說，「我那不太精明的老爸告訴我，我先天不是很聰明，所以最好善用身體。」

電影劇本是史特龍自己寫的，他坦承常聽父親講那句話。他接著說，有好一段時間，那個自我設限的想法讓他無法看清自己的潛力。當他不再相信那些話，開始相信自己後，人生也跟著改變了。

有人說「性格決定命運」，有些人卻反駁，「胡說！我是因為遭遇了這樣的命運才形成這樣的性格。」到底誰說得對？

其實兩者都是對的，因為相信什麼就會看到什麼。

引用聖奧古斯丁的話：「信心就是相信你所看不見的東西，它的回報就是，讓你看見到你所相信的事。」

要讓一件事情發生最好的辦法，就是預期它會發生。

這個策略的技巧在於：

1. 在你能夠擁有想要的事物之前，一定先要清楚地在心裡看到它。
2. 全心全意集中於你想要的事物上，始終保持一貫的熱誠。
3. 不管你的目標是什麼，想像你已經得到它了，並使情境具體化。

＊你看起來是什麼樣子？

＊你的朋友、同事、家人怎麼稱讚你？

＊你周遭的事物有什麼不同？

＊你自己又感覺如何？

09

與其抱怨，不如起身改變

天底下最沒價值，又毫無作用的是什麼？我的答案就是抱怨。

你抱怨，事情不會改變、伴侶不會改變、工作不會改變、主管更不會因此改變，抱怨只會讓自己愈來愈負面，愈來愈惹人厭而已。

你也許會問：為什麼不能抱怨，難道心中有不滿，連說說也不可以嗎？

當然，遇到不開心或不如意的事，偶而抱怨一下人之常情。但問題是你只是抱怨一下嗎？

美國牧師威爾・鮑溫如此譬喻：「抱怨就好比口臭。當它從別人的嘴裡吐

> 抱怨無法解決問題，
> 它還是所有負面情緒的根源。

露時，我們就會注意到；但從自己的口中發出時，我們卻能渾然不覺。」

習慣抱怨的人通常很難察覺，不滿抱怨，往往會陷入一個惡性循環——越抱怨越不滿，越不滿越嘮叨個沒停。抱怨無法解決問題，它還是所有負面情緒的根源。我們的負面情緒，有百分之九十九是來自於對別人的抱怨、對事情的不滿意。

所以我們常常看到，那些愛抱怨的人，境遇都不怎麼好，麻煩總是層出不窮。最終，除了把不滿的情緒火上加油以外，對處境更是雪上加霜。不單如此，它會摧毀人際關係，讓人避之唯恐不及。

別再抱怨生活，要去過自己渴望的生活

連續幾天的傾盆大雨仍沒有停，有個人站在院子中央，指著天空大罵：「你這糊塗的老天，下這麼多雨可把我給害慘了。屋頂漏了，衣服濕了，糧食

潮了，柴火濕了……，我倒楣你有好處嗎？雨還不趕快停下來……」

這時，鄰居出來對他說：「你罵得那麼兇，老天聽到一定不敢隨便下雨了。」

「哼，要是叫罵有用就好。」那個人氣呼呼地回答。

「既然如此，那你又何必白費力氣呢？」鄰居問。那個人無言以對。

鄰居繼續說：「與其在這兒罵老天，不如先修好屋頂，再向我借一些柴火，烘乾衣服，烘乾糧食，在屋裡做些平時沒空做的事。」

與其抱怨，不如起身改變。你大可成天對著稻田中的乳牛數落牠的不是，但這樣做既無法增加牠的乳量，又無法把牠從稻田趕出去，無異是對牛彈琴。換個作法，你何不把牠牽出來栓住，在草地上搭個圍欄，這樣既可以餵飽乳牛，又可讓牠不會每天都在稻田裡。

基本上，境遇不會改變，環境不會改變，人不會改變，不合理也不會變合理，我們能改變的只有自己。

被譽為現代愛因斯坦的史蒂芬・霍金，罹患「肌萎縮性脊髓側索硬化症」，飽受疾病之苦，即使他在數十年間只能委身於狹窄的輪椅，癱瘓不斷加重，仍持續對物理、宇宙界做出貢獻。他說：「氣惱我自己的殘障，是在浪費時間。人生必須不斷往前走，而我到目前為止表現得還不錯。如果你一直在生氣或抱怨，別人也不會有空理你。」

誠哉斯言！與其抱怨，不如成為那個你自己想見到的改變。看看你能做些什麼，專注在你能改變的事情。別再抱怨生活，要去過自己渴望的生活。

與其抱怨，不如成爲那個你自己想見到的改變

一位剛上班不久的年輕人對朋友大吐苦水：「老闆對我有成見，老是對我百般挑剔。說我電腦打得差，文案創意更是一團糟。總之做什麼都不行。」

「你覺得你的老闆說的對不對？」朋友問。

年輕人說：「我覺得自己完全可以勝任這份工作，是老闆偏心。」

朋友建議說：「你現在先不用抱怨。既然老闆這麼壞，何不氣氣他。用他公司的電腦學習，利用在他公司的機會提高你的文案設計能力，然後再離職。要讓他失去一位千里馬而後悔。」

這位朋友回去後埋頭苦學，終於很快進入狀況，在同事中顯得格外突出優秀。

半年後，朋友碰見那位年輕人。那位年輕人忍不住地說：「你怎麼不問我是否被老闆的炒魷魚？」

「如果你照我的建議去做了的話，你現在應該是被老闆委以重任，而不再滿腹牢騷。」朋友說。

「你真料事如神啊！」這位朋友感歎道，「我回去以後，加倍苦練，表現出色。我本想離職，但老闆卻升我當部門主管，而且非常尊重我的意見。」

改變，從自己開始。

如果自己不受重用，是因為自己還不夠出色。
如果無法說服別人，是因為自己還不具備足夠的說服能力。
如果我們還無法成功，是因為自己暫時還沒找到成功的方法。
你必須先改變，只有改變自己，才會改變別人；只有改變自己，最終才可以改變屬於自己的世界。一切從改變自己開始吧！

抱怨能使事情變好，更贏得別人敬重？還是更糟呢？

建議大家，在抱怨之前請先想一想：

我做的事情對團體，對單位，對關係，是在幫助還是破壞？

我在解決問題嗎？或者我已成為問題的一部分？

如果你老是怨天尤人，滿腹牢騷，你自己就是問題本身。要解決問題，首先要改變自己。

10

想一千次，不如勇敢做一次

你的內心暗藏著多少恐懼？怕犯錯、怕丟臉、怕改變、怕被排拒、怕失敗……怕到事情還沒發生，就已經把自己嚇的躲在牆角。到底什麼是恐懼？

其實恐懼並不可怕。恐懼表示你正在接受挑戰。表示你做某件從未嘗試過的事，你讓自己脫離原本的環境，正在走向一處未曾造訪之地。恐懼其實是身心成長和轉化的最好證明，是邁向夢想生活的指示燈，它讓我們知道，穿越這種感覺就是勇氣，就能活出自己。

跨出去，你就突破；
如果你退縮，就得一直躲著它。

勇氣不是你做得到的事，是你克服了曾經做不到的事

每個人都有屬於自己的恐懼。即使你所崇拜的成功人士也一樣，唯一不同之處在於：弱者會裹足不前，而勇敢的人則把恐懼放一邊，依然向前。

對我而言，我最勇敢的時刻就是當我願意承認我錯了，或者當我克服羞怯，為自己的信念大膽發言。當我和學生分享後，令我大受鼓舞的是，你會立即感到他們都鬆了一口氣，因為他們能夠勇於說出自己的經驗，並發現自己並不孤單。

我記得一個學生說，當其他同學都跳入泳池的時候，承認自己怕水是多麼困難的事，他想找藉口逃離。但是一旁的教練告訴他：「如果你不克服你的恐懼，恐怕未來的人生遇到困難，你也會逃避跨不出。」他硬著頭皮跳下水，這就是勇氣。

勇氣不是你做得到的事，而是你克服了曾經做不到的事。也許你沒有學過游泳也不敢跳進游泳池；也許你不敢當著眾人的面說話，但又想在會議中表達自己的意見；也許你想學攀岩、登山、滑雪；也許你猶豫要不要跟某位朋友重修舊好；或是擔心這把年紀重回校園會被嘲笑。第一次鼓起勇氣面對恐懼雖然最困難，但是也最有意義。

面對恐懼、超越恐懼，就代表了你有冒險的勇氣，不僅是平淡苟活，而是熱情擁抱人生。我向你保證，不論你決定要克服的是什麼，只要面對恐懼就能讓你遇見不一樣的自己，大家看你的眼光也不同以往。尤其面對的是個難關，當度過難關將使你「脫胎換骨」。

勇氣不是毫無畏懼，而是能夠認清比恐懼更重要的事

曾讀到一篇文章：華裔溜冰高手關穎珊在贏得西元兩千年世界溜冰冠軍時

的精采表現。她一心想贏得第一名，然而在最後一場比賽前，她的總積分只排名第三位，在最後的自選曲項目，她選擇了突破，而不是少出錯，在四分鐘的長曲中，結合了最高難度的三旋跳，並且還大膽地連跳了兩次。她可能敗得很難看，但是她成功了。她的名言是：「因為我不想等到失敗，才後悔自己有潛力沒發揮。」

問問自己，「如果你無所畏懼的話，你會怎麼做呢？」當你被焦慮與不安折磨地裹足不前時，而其實你在內心深處知道如果你做到的話，就會獲得成長，就會變得更美好，更優秀，你會發揮最大的潛能。那麼，毫無疑問——你必須去做。

勇氣不是毫無畏懼，而是能夠認清比恐懼更重要的事。有哪些事如果做了，很可能為你帶來：自信、自尊、自由，傑出的表現、更好的人際關係、更大的成就、更多的機會？

想想，自己是否讓恐懼和不安限制了人生格局？如果你不再逃避，勇敢地接受這項挑戰、面對人群、扮演以前從來不敢從事的角色，你的生命會有什麼樣的改變？

想一千次，不如勇敢做一次。一個人的人生隨著他勇氣的大小而擴張或縮小。跨出去，你就突破了。相反，如果你退縮，就得一直躲著它。這才是最可怕的。

克服恐懼唯一的方法，就是直接去做你害怕的事，而拖延猶豫只會滋長更多恐懼。

拿出一張紙，寫下你害怕的事物，每天嘗試一件小事。例如：説出自己的想法、和陌生人聊天、向別人求助、承認自己的錯誤、吃一口不敢吃的食物、上臺説話、參加比賽……一切偉大的行動，都有一個微不足道的開始。

怕就怕吧，儘管如此，你依然去做。去挑戰讓你害怕的事，去見你害怕見的人，去面對每一次經驗。藉著勇敢的作為才能變得勇敢。每當克服一道關卡，就多擁有一分信心；每挑戰一次，就會更多一分力量。一點一滴凝聚更大的勇氣。很快你就會發現最初害怕的東西並沒有你想的那麼可怕。

PART 3

你的成就，只能達到你願意忍耐的程度

有些事情不是看到希望才去堅持，
而是堅持了才看得到希望。
這世界上永遠沒有絕望的處境，只有絕望的人。
外在的挑戰並不可怕，可怕的是放棄的念頭，
因為等於放棄所有可能！

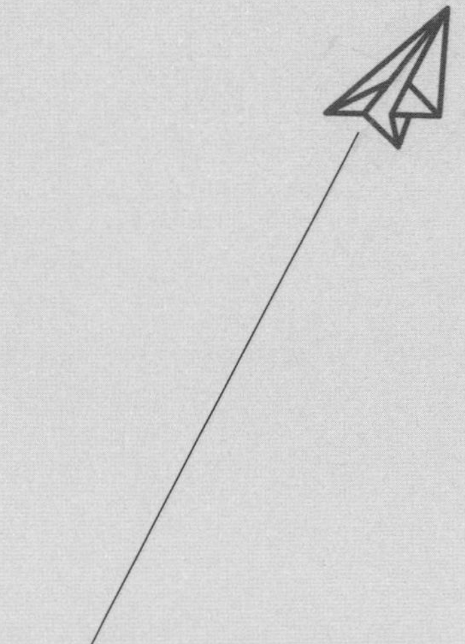

11 你越自律，就越自由

有兩隻狗，一隻用鏈子綁著，一隻卻自由走動，你知道為什麼嗎？

因為那隻狗不會咬人，所以牠能自由走動。

沒錯！越自律，就越自由。

人人都渴望自由，那什麼是自由？是隨心所欲？是去做任何想做的事情嗎？你可以亂發脾氣，放縱自己、吃喝玩樂，但這時候的我們一點也不是自己的主人，只是欲望與衝動的奴隸罷了。你可以自由地抽菸、喝酒、吸毒，但後來習慣上癮，反而無自由可言，因為你已成為惡習的奴隸。

> 先做你應該做的事，
> 將來才能做你想做的事。

不能自律的人，便無自由可言

康德說：「所謂自由，不是隨心所欲，而是自我主宰」。例如，你可以飲酒，但要適量，酒精便不能控制你，於是你在飲酒上有了自由。你想表達自己的感受，但能自制不亂發脾氣，那麼情緒便不能影響你，於是你在情緒表達上有了自由。

又例如，你提早一小時起床，你就可以有時間慢慢打理內外，悠閒地吃頓早餐，品嚐一杯咖啡，也可以好整以暇去運動、看報、做瑜伽、練英文、聽廣播、沖個澡或是在塞車前抵達辦公室，並進入工作狀態。於是你在時間上有許多選擇的自由。

有自律方得自由。許多人以為自制、克己的生活很辛苦。正好相反，自律才是真正的自愛，才能照自己的想法過日子。我在課堂上都這麼分享：你越是自律，日子就會過得越舒服。

節食減重不舒服，身材輕盈很舒服。
控制情緒不舒服，內心平靜很舒服。
戒菸戒毒不舒服，健康身體很舒服。
放棄玩樂不舒服，完成課業很舒服。
打掃房子不舒服，環境整潔很舒服。
強迫儲蓄不舒服，財務自由很舒服。
改變壞習慣不舒服，養成好的習慣就很舒服。

現在的不自由，是爲了以後的自由

自律的意思是，能用意志去控制自己的慾望，約束自己的言行。不論你是想要減肥、定鬧鐘逼自己從被窩裡起來、或是放下手機去讀書……等等，背後都是我們的「自制力」所主導的。自律是把你選擇的行為堅持下去。

朋友的兒子大學學測滿級分。問他如此優異的成績，怎麼辦到？他說一整年在備考期間關上網路，手機，每天三點起床埋頭讀書。這就對了！「先做你應該做的事，將來才能做你想做的事。」現在他們一家開心去環島旅行。反觀有些成績考差的學生，連玩樂都無法盡興。

現在的不自由，是為了以後的自由。換句話說，自律就是不貪圖暫時的安逸，犧牲眼前短利，成就長遠的利益。

亞都麗緻集團總裁嚴長壽說得好：「如果現在的挫折，能帶給你未來幸福，請忍受它；如果現在的快樂，會帶給你未來不幸，請拋棄它。」

如果你計算過，就會發現眼前你犧牲的享樂往往是比較短期，但未來能得到的成果都是長期的，這種「交易」非常划算。你只要做到「自律」二字。

你願意做出多少犧牲現在的自由，來換取日後更多的自由？

為了考到理想的學校，選擇假日在家看書。

為了準時交上論文，完成課業，決定不再上網、追劇。

為了存錢買房，平日省吃儉用，不讓自己衝動消費。

為了達成目標，暫捨眼前的享樂，做一些不願意做的事。

為了實現夢想，當你很想放棄時，堅持下去。

讓人在冷氣團來襲起床看日出的動力，正是凌晨三點起床讀書的那股動力。差別在於心態。成功與失敗的差別也在此。缺乏自律，夢想永遠都只留在原地。

12

支撐熱情，堅持下去的，是使命！

「找你喜歡的事去做就對了。」「要擇你所愛，愛你所選。」「如果你不喜歡你的工作，趕緊脫身吧！」你可能很常聽到這種論調。然而在現實世界，我們不可能一直從事我們喜愛的工作，絕大多數人都幹過至少一份，甚至是一連串討厭的工作。

很多剛畢業的大學生，工作不到一年，就熬不住了，跑來問我：「老師，這份工作我做起來一點勁都沒有，是不是要換個工作？」也有換了工作的學生問：「我嘗試了很多不同的領域，一開始覺得很有趣，但過了一陣子就覺得厭

人越被需要，就越有價值；
貢獻越多人，就是越有用的人。

倦。怎麼辦？」

找到自己喜歡的工作沒錯，但更重要的是找到對工作的「使命感」。我們到處都可以看到那些無精打采、眼皮下垂、暴躁粗魯、乏味倦怠的人。談到工作，都是各式各樣的抱怨，沒有抱負，只記得工作帶給他們無力、壓力等各種負擔，又怎麼會有熱情？

先找到使命感，就會找到熱情

什麼是使命感？就是看到自己所做的事是有意義的，就是一心要把事情做好的意願或決心。

一個整理花木的工人，可能認為自己在做一份沉悶乏味的工作，而且要許多小時才能下班。如果他認為自己是在美化城市，覺得很光榮，「這世界因我變得更美麗」，有這樣的使命感，工作必然會更愉快、有熱忱。

一個賣衣服的店員，若只是為了混口飯吃，日復一日必定單調無趣。如果她具有使命感：「我不是賣衣服，而是幫人找到美和自信」，能主動了解客人需求，幫他們搭配，挑選到更漂亮的衣服，顧客感到開心滿意，自己也會有成就感。

使命感的體認適用於任何行業。若你是開餐飲的，可以發願「我要每個人因我而吃得安心」；假如你是老師，可以下決心「我要點燃每個學生學習的渴望」；你是工匠，可以把「我要當傳統技藝傳承者」為職志；如果你是保險業務員，記得你是為客戶分析需求、獲得更多保障的「專業顧問」；如果你是理財專員，提醒自己你的專業服務非常重要，因為你可以幫助許多人早點退休享受，「幫助他們圓夢」。

人不一定要做大官，但是要立大志

多數人在一生當中，工作就佔了將近十萬個小時，這大約是我們成年生命中醒時的一半時間。如果在這「一半的生命中」找不到意義，你的生命又會有多大意義？

人不一定要做大官，但是要立大志。時時提醒自己：你現在所做的事——是為了散播愛，是傳達正面能量，是在做功德，是為上帝服務，是為了立下標竿，是給人帶來祝福……把這些當成你的使命，你將能在職場上獲得更大的滿足，每天更有動力把工作做好，更有意義地過好每一天。

寫作超過二十年，常有人問我：你是怎麼堅持下去的？

每次感到倦怠的時候，我也問過自己。然而每當有人告訴我，他們因我寫的書得到啟發、因我的一篇文章轉變了想法，解決了難題，心情變好……我頓時明白。那個支撐熱情，讓我堅持走下去的，是使命！

假使有一天，你對別人毫無貢獻，是不是也代表自己微不足道？

價值來自被需要。當一個人被孩子需要，意味著他能照顧孩子；被情人需要，意味著他正被對方所深愛著；被朋友需要，意味著他有能為朋友分擔解憂；被主管需要，意味著他工作能力獲得肯定；被客人需要，意味著他可以為他們解決問題。

人越被需要，就越有價值；貢獻越多人，就是越有用的人。

13 可怕的不是失敗，而是逃避的心態

上臺報告，緊張沒說好，失敗。擔任幹部，人沒有帶好，失敗。大考放榜，沒上理想學校，失敗。相戀多年，最後以分手收場，失敗。面試了好多家公司，都沒被錄用，失敗。第一次拜訪客戶，被罵不專業，失敗……。

回顧一下我們從小到大的歷程，幾乎都是在不斷的犯錯與修正中度過的，錯誤讓人難過、甚至後悔不已。然而，後悔的同時也發現了「一條行不通的方法」，明白「要怎麼做才對」，不是嗎？

錯誤不代表失敗。失敗是不認錯，不改過，重複同一個失敗，相同的事情

失敗是成功的媽，他媽媽你都認識了，
還怕成功離你太遠？

做了第二次。

失敗不可怕，它只是教導我們人生的經驗。怕的是從此「退縮」與「躊躇不前」，沒有再重新來過的勇氣。

失敗，不過是一種「還沒成功」的暫時狀態而已

「我有多次失敗的經驗」和「我是個失敗者」兩者是完全不同的。情人分手，夫妻離異，是失敗嗎？換個角度看，是成功離開了失敗的感情；若是賠上了失敗的人生，才是真正的失敗。

投一百份履歷都沒被錄用，很失敗嗎？如果跟獲得一份好工作相比，根本微不足道，只要再接再厲，最後找到了理想的工作即是成功。

曾經登上亞洲首富的阿里巴巴創辦人馬雲，談到自己失敗的經歷，他說，他念了七年才完成中學學業，別人用了五年。他想進重點初中、重點高中都失敗，考大學他失敗三次；申請工作失敗了近三十次。當年高中畢業想找一份工作，二十四個人去了，他是唯一沒有被聘用的。

馬雲也試著去考警察，五個同學去，四個被錄取，他又是那個沒被錄取的。阿里巴巴開始創業時，他見了超過三十個投資人，沒有一個願意投資。最後他失敗了嗎？

沒有，這世上根本沒有「失敗」這回事。很多我們擔憂的失敗，不過是一種「還沒成功」的暫時狀態而已，每失敗一次，就離成功更近了些。

以推銷員為例，在遇上一個顧客說「是」之前，有八個或十個會說「不」。如果你想成功，就要不斷的去按門鈴。按十次門鈴的成功機率，是按一次的十倍；如果你繼續按二十個客戶的門鈴，成功的機會又會加倍。因此，他考慮的問題不是這次敲門會不會被拒絕，而是一天能敲多少戶門。

不放棄，還有許多可能，放棄了，就注定失敗！

人生最大的失敗，就是永不失敗。那些從未失手過的人將會是虛弱無力，那些沒犯過錯的人通常是一事無成。因為只要你去做事，就可能犯某些錯誤，世上熟能無過？

只要去問問那些成功者，他們曾否失敗？你可能會聽到一個像這樣的反問：「你想聽哪一次的失敗？」

李安兩度聯考失利、六年失業在家，三十七歲才找到第一份工作。JK・羅琳在《哈利・波特》第一集出版前，她的草稿曾被出版社退件十二次。披頭四合唱團在錄製他們的第一張專輯之前，曾被五十家唱片公司拒絕過。肯德基連鎖的老闆桑德斯上校，跑遍了超過一千家餐廳，都無法賣出他的炸雞。

即使厲害如美國職棒大聯盟棒球打擊王泰德・威廉斯，大約每十次打擊，也有七次失誤。科比・布萊恩二十年職業生涯，拿到五次冠軍，這意味著他職業生涯有四分之三的時間都在經歷著失敗……當我閱讀越來越多的傳記，我發現這些成功人士的失敗經驗遠超過我太多，自己根本算不了什麼。

你可以想像一下，當你非常成功而站在臺上分享當時讓你覺得很挫敗的經驗時，臺下的聽眾會認為這段經驗是失敗的還是成功的？

所以，犯錯又如何？失敗算什麼？你所做的事情，也許暫時看不到成功，但不要灰心，你不是沒有成長，而是在扎根。下一次，當失敗來敲門時，試著微笑以對。失敗是成功的媽，他媽媽你都認識了，還怕成功離你太遠？

有一個好辦法可以讓自己坦然面對失敗，就是將你犯過最嚴重的錯誤列在紙上，接著在旁邊寫下每一個錯誤讓你學到的教訓，以及這些所謂的失敗為你人生帶來的助益。

你是否曾經在丟掉工作後，反而找到更好的職缺呢？

你是否曾經在痛苦的分手後，反而遇到更好的人呢？

你是否曾在經歷失敗後，到頭來卻有了意想不到的好結果呢？

把失敗看作追夢過程中再稀鬆平常不過的事，然後專注在每一次失敗的教訓，看看從中學到了什麼。爾後，當你回憶過往，你會感謝這些錯誤讓你看清自己，感謝這些挫折讓你激發出潛能，感謝這些失敗造就了鐵打的你。

14 改變靠的不是瞬間，是時間

你一定也有這樣的經驗——付出了很多努力，得到的收穫卻跟想像中有很大落差，與你付出的心力不成正比。但千萬不要沮喪地認為你付出的全都付諸流水，乾脆就此放棄了！

凡事都有定期，天下萬物都有定時。（傳道書三：一）現在看不到成效，不代表你的努力沒有成果；短期看不到成果，不代表永遠沒有成效。要知道，你現在所做的一切，都是為了將來在做準備，這並不是一朝一夕所能見到的。而且你總是有收穫吧！也許是經驗、知識、閱歷等無形的價值與資產，雖不一

也許你的種子永遠都不開花，
因為他是一棵參天的大樹。

定是自己期盼的，但你的努力都不會白費。

每個人都是一顆種子，每顆種子的花期不一樣，有的花一開始，就絢麗綻放；而有的花，需要漫長的等待。別灰心、別心急，默默汲取養分，努力扎下更深的根基，在未來的某一天必定絢爛綻放。也許你的種子永遠都不開花，因為他是一棵參天的大樹。

不要因爲沒有看見就懷疑否定努力的價值

我聽說日本有一種很奇特的竹子。撒了種子之後，不但需要常施肥，而且要勤灌溉。播種後，幾個月都不見動靜。不僅如此，其實入了土的種子整整七年都未萌芽。碰到這種情形，經驗不足的農夫大概會以為自己自己播壞了種。然而，就在第七年，僅僅六個禮拜內，竹子不但長出來了，而且短時間內就長到三十公尺高！

難道，竹子的成長只需幾個禮拜嗎？

當然不是！事實上，它需要七年的成長時間，只是集中在最後六個禮拜長高。前面七年的成長顯然是無形的，在這段期間內，竹子忙著向下扎根，這片密實的根網，足以支撐又高又壯的枝幹。

這故事隱含了好幾個道理。它告訴我們不要因為沒有看見就以為事情沒在進行。其次，不要看不到成效，就懷疑否定努力的價值。還有，在沒有具體事實證明自己的努力是沒有用的之前，要堅持下去。

我們經常可以發現「日本竹」的例子。像有些小孩發展顯得遲緩，沒什麼成長，跟不上別人；但後來當他的內在發展成熟到一定程度後，就會突飛猛進，甚至超越其他小孩。正所謂「大器晚成」。

再如，許多人在學習、工作、運動、創作、感情、修煉上會遇到瓶頸，像在鬼打牆般原地踏步，以為自己的努力是徒勞白費，因此感到挫折沮喪，卻不知這是過渡期的必經歷程。

打鐵趁熱，還要打到它熱

我們活在一個事事求快的時代，什麼事情都希望儘速完成，一蹴可幾，立竿見影，迅速見到成果。我們常想不經學習或必要的步驟就得到答案，巴不得種下的玫瑰一夕間就茁壯開花，一星期可以減肥、一個月英語速成、一年賺進一桶金……預期一切都在彈指之間。日本竹給了我們一個啟示——耐心。

我們不會在秋天播種，在春天收成，凡事皆有其時機和步調。印度聖者拉馬克里希那（Ramakrishna）提醒我們：「外殼尚青綠時，若想打開那硬殼，那幾乎不可能辦到；但外殼一旦成熟，只需輕敲，它就應聲而開了。」

春天時，你站在蘋果樹下，看不到一個蘋果，不論你怎麼去搖那棵蘋果樹，或是爬的多高，你都無法得到蘋果。但是，秋天時，你站在同一顆蘋果樹下，成熟的蘋果會自動落到你的手中。

許多年輕人才開始做一些事就問：我這樣努力何時會得到成果？
我說：「你現在才剛發芽，就已經在問，何時開花？蝴蝶何時會來？」
改變靠的不是瞬間，是時間。成功靠的不是奇蹟，而是累積。努力之後，你要耐心等候。

耐心不是沒有效率、沒作為的狀態。這是人們常有的誤解。耐心是把眼光放遠，是明白欲速不達的道理。我們都需要學習耐心，不讓急迫的情緒壓迫自己，從容感受過程的點點滴滴，相信花有自己的花期，那麼，也就沒有什麼事情能輕易地干擾你了。

你必須有足夠的耐心等待開花，然後你的信心就會產生，你就會開始相信，每當時機成熟時夢想就會實現。

15 放棄是最可惜的事，因為等於放棄所有可能

你有沒有過悔不當初，想著：

如果當時能勇敢面對就好了；

如果當時努力熬過去就好了；

如果當時能堅持下去就好了……

讀過許多成功者的傳記，發現每一個人都有個共同特徵，在他們成功之前，都遭到非常大的險阻。表面上看來，事情是應該罷手了，放棄算了，殊不最後的一搏，竟是致勝的一擊。

再長的隧道，只要不停止前進，
終能望見黑暗盡頭的光亮。

也常讀到這一類故事：某個勘探石油的人在距離油層只有幾英尺的地方放棄了鑽探，或某個淘金者開山四千英尺，卻在快要開到金脈時停止了挖掘。「如果他能在堅持五十英尺，」作者總是這麼感慨說。

許多人常半途而廢，只要他們再多花一點力量，再堅持一點時間，再支撐一下，結果就會翻轉。真可惜，在到達終點、在突破難關、在機會之門打開之前卻放棄了。

多數的失敗者並沒有眞正地被打敗，他們只是放棄了

人生不會一路坦途走到底，在坎坷逆境中，首先被擊垮的不是人的身體，而是人的意志。意志力的大小決定了一個人能夠走多遠的路程，最終能否走完。

什麼是意志力？意志力也叫毅力，是一種心理忍耐力，也是克服困難、實現目標的堅持力。那些獲得成功的人，與被困境擊敗的人，最大的差別往往不在財力和能力，而在毅力。而造成失敗最普遍的原因，不是他們沒有學歷或體力，而是在於沒有堅持力。

有記者訪問一位事業有成的企業家：「為什麼事業有很大的困難和阻力時，你從來都不放棄？」

企業家說：「你觀察過一個正在鑿石的石匠嗎？他在石塊的同一位置上恐怕已敲過了一百次，卻絲毫沒有什麼改變。但是就在那第一百零一次的時候，石頭突然裂成了兩塊。並不是這第一百零一下使石頭裂開，而是先前敲的那一百下。」

水滴終可穿石，不是因為它力量強大，而是由於晝夜不停的滴墜。成功不是從不跌倒，而是每次跌倒能站起來，還能夠堅持走下去的人！

曾有人問：如果走上了一條不適合自己的道路，走到一半發現困難重重想放棄，如何讓自己堅持下去？

你可以改變方向，但不要改變你的意志。這世上有大半以上的人會給自己許下心願，設定目標，卻只有少之又少的人能堅持下去。多數人都是意志力薄弱，一遇到困難就退怯，遇到阻礙就放棄，這就是為什麼只有少數是成功者。

這世上沒有絕望的處境，只有絕望的人

有句話說得好：「放棄，是一個念頭；而永不放棄，則是一種信念！」如果你想達成一個目標，這是你的期待；但你認為自己是否能達成，這是一種相信，而你對相信的堅持，就是一種信念。真正成敗的關鍵，往往是信念，而非期待。

有個人問第一位登上聖母峰的紐西蘭登山好手希拉瑞：「在攀登聖母峰的過程中，最大的挑戰是什麼？」希拉瑞回答說：「最大的挑戰是，我要不斷地說服自己，絕不能放棄攻頂的信念。我要征服的，不是山，而是自己。」

有些事情不是看到希望才去堅持，而是堅持了才看得到希望。這世界上永遠沒有絕望的處境，只有絕望的人。外在的挑戰並不可怕，可怕的是放棄的念頭，因為等於放棄所有可能！

我人生經歷過幾次挫折，每當跌入谷底時，我總會告訴自己：「千萬別放棄，因為這正是否極泰來的時刻。」想想，如果現在已經到了谷底，那也代表準備往上爬，事情只會越來越好。在最黑暗的時刻，也是即將破曉之際，不是嗎？再長的隧道，只要不停止前進，終能望見黑暗盡頭的光亮。

回憶過往，那些自己曾經堅持過的事都覺得無限的寬慰；相反地，對那些自己放棄的事，卻有無限的遺憾。可惜了，在最艱難的時候放棄，就像一本書看到傷心處就不看，錯過了書本意料之外，美好的結局。

你有爬山或跑步嗎？這經驗你一定不陌生，當爬山爬到一定的時候，會感到筋疲力盡，再也不想往上爬一步，但只要咬緊牙關堅持爬下去，過了一會兒你就會感到全身開始舒服起來，爬山的樂趣油然而生；跑步跑到一定的時候，也會感到筋疲力竭，但只要咬緊牙關撐下去，過一會兒就會感到呼吸舒暢，兩條腿也好像自動跑了起來。

愛默生說：「當最困難的時候，也就是離成功不遠的時候。」最大的困難，往往會發生在勝利的瞬間。別放棄，只要你能多撐一下，結局往往大不同。

PART 4

你的自尊，若一直活在別人眼裡，就會死在別人嘴裡

想討好身邊每一個人，代表你都配合別人，只是濫好人；
事事退讓，就成了毫無原則的人。
見人說人話，見鬼說鬼話，四處逢迎，只有一種叫小人。
處處迎合，最終往往裡外不是人。

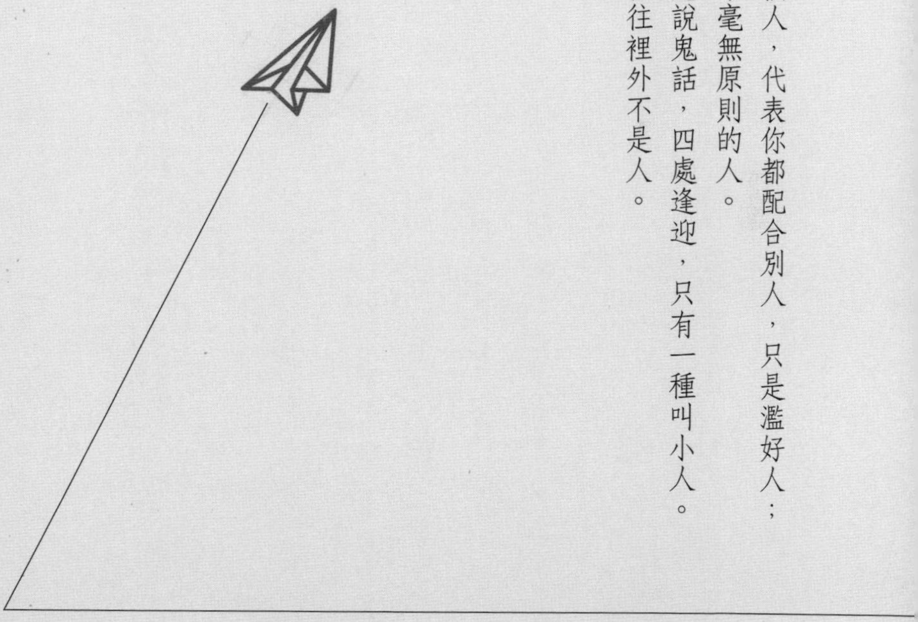

16 做有態度的自己，才能贏得別人的尊重

年輕懵懂，不懂得什麼叫「做自己」，明明心裡喜歡卻不敢說，明明千百個不願意卻勉強自己接受，明明心裡不開心，卻言不由衷……。

忘了有多少回，我太忙著滿足別人的期待，常不假思索就答應別人的要求。直到事情逐漸積累，被時間追趕的喘不過氣時，才悔不當初。

有好幾次，明明不喜歡參加某些聚會，「以後我再也不去了。」心裡雖然這麼想，但是每次當負責聯繫的會長來電：「一定要來喔！」又不由自主地答應，等到話一出口，心情又變得很悶。

如果你不去過你想要的生活，
你將被迫去應付你不想要的生活。

我開始檢視自己——當我滿心不願意卻還答應別人，為什麼？無法拒絕別人，是害怕對方不開心，怕破壞關係；附和迎合他人，是渴望自己被接納，被肯定；我會答應別人，是想要別人認為我是個好人，都喜歡我。

然而，那麼多年來，有求必應，幾乎我把自己搞得精疲力竭，換回的卻是，別人的理所當然，最終對於彼此關係不滿怨懟。即使有人喜歡我，我也不喜歡這樣的自己。

如果你都不尊重自己的感受，別人就更不會了

我們做任何事都應該聽聽內心的感受：「這是出於真心嗎？這是我想做的？我做這些事會開心嗎？」在答應別人的請求之前，現在我會這樣問自己。

人們只會用我們所允許的方式對待我們。如果你都不尊重自己的感受，別人就更不會了。不敢說實話，對方自然也聽不到真話，這種關係不是真誠的，

很容易變質。想好好做自己，「拒絕別人」是一定得面對的課題。當你背叛自己時，你也欺騙了別人，因為他們認為的你，不是真正的你。

「怕會得罪人，斷了情誼，」你可能會說：「我就是怕變成這樣，所以很難拒絕別人啊。」那得看你要的是什麼樣的關係。如果有人因你的誠實而討厭或排拒你，那你真的想和這樣的人牽扯嗎？

試想：如果今天有人想跟你說實話，你會希望他們因為怕破壞關係而說謊，還是喜歡他對你敞開心房，說真心話？換成你這樣邀約朋友時，你會希望他有話直說，還是希望他用一堆理由來糊弄你？

我的經驗是：如果你忠於自己的感覺，喜愛你的人，會理解並尊重你。會為難你的，責難你的人，多半都算不上什麼朋友。當你說真心話時，就會發現誰是你真正的朋友。

不好意思拒絕時，想想對方爲什麼好意思爲難你？

你可以對人好，但不必去討好人。學習心口一致，坦率表達自己的想法：「我覺得……」「這就是我的想法。」別礙於面子，真正的「面子」是讓別人知道該怎麼尊重你。尊重自己的意願，不勉強自己，不想做就拒絕，做有態度的自己，才能贏得別人的尊重。

拒絕要盡早，絕不可模稜兩可、猶豫不決，「抱歉，我無法參加。」「對不起，我可能幫不了。」誠懇真實別拐彎抹角，讓對方有所準備，就不會糾結了自己，還耽誤了別人。

作家三毛提醒：「如果自己的理由出於正當，就不要害怕拒絕他人。當一個人開口提出要求的時候，他的心裡根本預備好了兩種答案。所以，給他任何一個其中的答案，都是意料中的。」

若你還是不敢說真話，不好意思拒絕時，想想對方為什麼好意思為難你？

很多人不能做自己的主要原因是，沒明確劃出自己的界限。

界限，就是所謂的原則底線。有原則的人就擁有了自己的底線，這表明自己的極限。一旦對方越線了，就必須說「不」，讓別人知道我們的原則，同時也清楚底線在哪，這對雙方都好。

每個人的時間有限，能力精力有限，有些事情能做到，有的做不到。所以拒絕別人時，沒有什麼不好意思的；被別人拒絕，也能理解對方的有限。

你是在拒絕這件「事」，而不是拒絕這個「人」。合理的拒絕，並不會破壞關係，反而獲得彼此理解與尊重。

17 理解別人的不理解，是理解他人的第一步

你總是說，沒有人懂你。

你總是懷疑，沒有人把你放在心裡？

我想問的是：「你懂自己嗎？你有把心中想說的話說出來嗎？」大部分的人都不會讀心術。即使是那些最愛你的人，也不可能知悉你的想法，你的感受，你的渴望和需求。你不說，誰懂？愛不會讓人具有通靈的能力，沒有人能了解他不知道的事。

愛不會讓人具有通靈的能力，
沒有人能了解他不知道的事。

不說出來，積聚在心裡，彼此的嫌隙也就越深

我們都知道遠親近疏的道理，越是在身邊的人，我們越是不滿。這是因為我們都覺得朝夕相處的人，自己應該是懂對方的，對方也理應了解我們。「如果他夠在乎我、如果他和我有默契，應該懂我，應該從我的表情、我的行事風格，就能知道我要什麼。」這樣的主觀想法，最容易產生矛盾。

我們常常都希望別人猜中我們的情緒。有時候我們抱怨，只是因為希望有人可以伸出援手，但我們卻寧可碎碎念，也不願明確表達需求。有時我們生氣，原因可能是被忽略，覺得失望，但我們卻寧可在一旁生悶氣，也不說出自己生氣的原因。有時候我們會用冷戰，選擇沈默當武器，等待對方「投降」俯首認罪。然而不說出來，不等於沒有情緒，一天一天積聚在心裡，拖得越久，和對方之間的嫌隙也就越深，最後累積成憤怒，一次爆發出來。

常有人問：為什麼兩人是朋友的時候，可以互相理解，變成情人之後，彼

此卻變得無法理解？因為戀愛之前，我們會努力理解對方，戀愛之後，卻總是想要對方理解。這就是問題所在。

說出眞心話，分享自己的感情，才能培養出親密感

如何表達，是需要練習，也需要智慧。沒有人喜歡被說服，被指責，只要聽者感覺對方有這種意圖，就難以順暢溝通。說得越多，對方只會心牆築越高；說得越久，只會嫌囉唆，根本一句話也聽不進去。

要怎麼表達？最普遍無效的方式是攻擊並責怪對方：「你讓我非常生氣！」「你就是吃定我。」「你怎麼了？你是故意想把我逼瘋嗎？」當發出「你——訊息」時，你是在把自己感覺的責任歸咎在對方身上。這就好像說：「如果不是你，我不會有這種感覺的。」這種批評、嘲笑和論斷很容易激起敵意，讓人內心防禦。

有效的表達方式，是以「我」的立場來談論自己的感受。例如：「你說我很沒用時，我覺得不受尊重。」「你答應我的事卻沒做，讓我感到很失望。」「當你那樣說話時，我感到很難過。好像你不關心。」只是說出你的感覺，而不是要讓對方為我們的感受負責，或怪罪他人「你就是會騙人！」「你沒救了！」「你跟你無能的老爸沒什麼兩樣，難道不是嗎？」因為這些話是用言語辱罵對方。

明確表達自己的需求。例如：「我不喜歡那個綽號，以後不要再這樣叫我了。」「我很怕自己一個人，我希望你能陪我。」「我現在需要的，是你的支持，而不是批評。」有什麼需要跟感覺，直接告訴對方。如果希望別人認真看待我們，我們一定要重視自己，也要把自己的需求當一回事。開始重視自己需求時，自己的渴望和需求才會開始獲得滿足。

說出真心話，分享自己的感情，才能培養出親密感。要想擁有持久穩定的美好關係，一定要做到這一點。記住英國首相班傑明．狄斯雷利的話：「永遠不要為真情流露感到抱歉。當你這麼做，就是在為真話道歉。」

別人不理解你，是一件再正常不過的事。

理解別人的不理解，是理解他人的第一步。當你發現有人不理解你時，要反過來設想，那麼我理解他嗎？或是他也同樣感到不被理解的痛苦？

讓對方了解我們的感受，同時也願意了解別人的感受，這麼一來，雙方才能有更深的了解。不假設對方應該、必然理解我，而去假設他可能不理解，去接受這份不理解，在這前提下設法使他理解，或設法更理解他，這是關係最重要的一點。

18 有人喜歡你，就一定有人討厭你

每個人的喜好都不盡相同。有人喜歡吃辣，也有人討厭吃辣；有人喜歡喝酒，也有人討厭喝酒；有人喜歡讀書，也有人討厭讀書；有人喜歡運動，也有人討厭運動；有人喜歡談政治，也有人討厭談政治；有人喜歡小孩，也有人討厭小孩；有人喜歡狗，也有人討厭狗……幾乎每樣東西，有人喜歡，就一定有人討厭。

同樣，有人喜歡你，也必然有人討厭你。原因千百種，沒有人知道，或許是因為你礙到他人，你跟他不對盤，你的習慣讓人看不慣；或是他們有成見，

一朵花很香，也有人討厭它的香味。
包含你也有不喜歡的人，對嗎？

對你有誤解，又或者他們嫉妒你，看不起你。

不論怎麼做，都有人討厭你。如果你品學兼優又漂亮，就會有人覺得你很臭屁而不喜歡你，也有人因你條件太好而不喜歡你；如果你不讀書，也會有人討厭你不長進。你有自信有魄力，別人認為你自大狂傲；沒自信不敢確定，又被認為懦弱無能；你低調，別人說你虛偽；你高調，又說你炫耀。無論你如何費心費力，人都會有意見，總有人不滿意。

你人再好，你做得再好，仍有人會批評你

誰人不被別人說，誰人背後不說人？

當代女詩人扎西拉姆．多多肺腑之言：「不管你懷著多大的善意，仍然會遭遇惡意；不管你抱著多深的真誠，仍會遭到懷疑；無論你呈現多少柔軟，也要面對刻薄……」你若一直活在別人眼裡，就會死在別人的嘴裡。

想討好身邊每一個人，代表你都配合別人，只是濫好人；事事退讓，就成了毫無原則的人。見人說人話，見鬼說鬼話，四處逢迎，只有一種叫小人。處處迎合，最終往往裡外不是人。

所以，有人討厭你，不必因此就懷疑自己，否定自己。反過來想，他們的意見重要嗎？在某些情況下，被不尊敬的人討厭，甚至是一件榮幸的事。

年少成名的郭敬明一定感觸很深，他在《願風裁塵》說：「有一個道理，你一定要盡早明白，因為有些人甚至一直到死，都沒有搞清楚這個道理。如果是這樣，那這一輩子，都算是活得不明不白。這個道理就是：你一定要明白，這個世界上，一定有人會討厭你。」

就像有一朵花很香，也會有人討厭它的香味。包含你也有不喜歡和討厭的人，對嗎？

香花不會因爲有人討厭，它就不香

我想起尼克隊「林來瘋」時期，讓林書豪從板凳球員躍升先發主力，這一段打拚的過程中，有人鼓掌叫好，有人潑冷水，他仍然打出精彩絕倫的球技，林書豪受訪時坦承，「一直有人討厭我、質疑我，我都應該用愛來回應，讓自己變成更好的人，試著專注在對的事情上，並感謝他們。」

香花不會因為有人討厭，它就不香。當有人批評重傷時，花不會因為人們說了幾句話就被摧毀，也不會因為稱讚幾句話就變美麗，隨你們講吧！

當你清楚自己的本質，真正接受自己：「這就是我。」就不再需要刻意證明自己。如果有人不喜歡，那是他的喜好不同，不是我的責任。

反正你都知道這世界上，有人喜歡你就有人討厭你，倒不如真實呈現自己，大大方方地走自己的路。

「不想被討厭」的人很難開心。因為你在乎別人的眼光和喜好，就會變得患得患失，進退失據；你去迎合別人，就會違背自己的意願，當然不開心。

在意別人喜歡不喜歡自己這件事，不如把時間花在栽培自己。與其勉強自己討好別人，不如把心花在珍惜你的人身上。

開心，不是減少「討厭你的人」，而是要去增加關心「喜歡你的人」。記住，不要讓別人的意見左右自己內心的聲音，把笑容留給讓你快樂的人。

19 每個人都是對的，也不全是對的

有一位朋友喜歡看電視的談話節目，他說自己雖然常聽到許多意見和評論，不過有個主持人的觀點還是令他很反感。他問我有什麼看法？

每次遇到這種「是非題」，我會請對方從口袋裡拿出十元硬幣，然後要他仔細檢查後告訴我哪一面才是正面。

我想說的是任何事情都是一體兩面，甚至是一體多面的，單看從何切入觀察。因為看的角度不同，立場不同，思維方式和分析問題方法不同，得出的結論也不一樣。

“儘管我們的見解不同，
但是你的觀點和我的觀點一樣重要。”

問題就出在，人人都認為「我才對」。當我們有所謂「對的」觀點，只要跟自己不同的觀點就被歸類為「錯的」，彼此各執己見，紛爭衝突也由此而生。

任何單一觀點都是狹隘且不完整的，就像「瞎子摸象」

山上住著一個老和尚和一個小和尚。有一天，老和尚給小和尚出了一個問題：「一個愛清潔和一個不愛清潔的人一同去拜訪一個朋友，是愛清潔的人先去洗澡，還是不愛清潔的人先去洗澡？」小和尚搔了搔頭皮，迅速答道：「當然是不愛清潔的人先去洗澡，因為他身上很髒。」老和尚搖搖頭說：「傻瓜，好好想想吧！」

這次，小和尚知道正確答案了，毫不猶豫地回答：「一定是那個愛清潔的人先去洗澡。」老和尚問：「為什麼？」小和尚胸有成竹地說：「那還不簡單，愛清潔的人有愛清潔的習慣，不愛清潔的人有懶惰的習慣，只有清潔的人才有可能去洗澡。」說完，小和尚等待師父的誇獎。

出乎意料的是，老和尚不但沒有誇獎小和尚，還說小和尚沒有悟性，除了罰站，還要想出正確答案。想了大半天，小和尚迫不及待地回答：「兩個都會去洗澡，愛清潔的有洗澡的習慣，不愛清潔的需要洗澡。」

師父的臉色告訴他，又錯了。小和尚只好怯生生地說出最後一個答案：「兩個都不去洗澡，原因是愛清潔的人很乾淨，不需要洗澡，不愛清潔的人沒有洗澡的習慣。」話畢，老和尚和顏悅色地對小和尚說：「其實，你已經把四個答案都說出來了，你每次都認為是正確的，但你的答案是不全對的，因為任何單一觀點都是狹隘且不完整的。」

知道自己可能出錯，承認自己並非全知

就像「瞎子摸象」的故事：只摸象鼻的盲人相信象鼻是長管狀的，而只摸

到象肚子的盲人卻不同意他的看法；能看到整頭象的人就會知道他們兩人都沒錯，也都不全是對的。

一旦你了解，即使雙方觀點不同，只不過是你與對方的認知與想法不一樣而已。有不同意見不等同於就是對你的否定，反而能幫助我們從另一個觀點，用更多的角度看事情。自己不曾經歷的，要試著去理解，而非否決；對不認同的，要試著包容，而非批判。

回顧所有我認識的人，最不快樂，最不友善的人，就是那些堅持自己的見解才是唯一真理的人，他們無法理解別人是以不同的方式看世界。相反地，那些可以看到世界並非總是對和錯，尊重別人意見的人，幾乎總是最友善、最寬容、最隨和的人。

改變「我才對」的心態。在與人意見相左，爭論時，請記住這兩種可能：「也許我是錯的」「我並非無所不知」，這將是你人際關係的重要轉捩點，也是良好溝通的第一步。

「我才對」的心態，來自於害怕失去自己或別人的認可。我們的想法是：「假如我錯了，我會不認同自己，別人也不會認同我。」

你希望別人認同你才是對的，但是同樣的，別人也會希望你能認同他才是對的。如此一來，雙方便會因而起爭執。

就算你爭贏了，你認為對方就會認同「你是對的」嗎？

如果你爭輸了，你就會認同「對方是對的」嗎？

如果雙方都不可能認同對方，又何必爭執？

20 再乾淨的水倒到爛泥中，還是一堆爛泥

心理學家曾做過這麼樣一個經典的實驗：

研究者給參加實驗的兩組大學生出示同一張照片，在出示照片前，向第一組學生說：這個人是一個十惡不赦的罪犯；對第二組學生說：這個人是一位科學家。然後讓兩組學生各自用文字描述照片上這個人的相貌。

第一組描述是：深陷的雙眼代表他內心充滿著仇恨，突出的下巴顯示他個性頑固凶惡……。

第二組描述是：深陷的雙眼代表此人思想很深邃，突出的下巴表示他克服

困難的意志……。

同一個人的評價，僅僅因為先前得到的提示不同，描述竟然如此戲劇化的截然相反。

這個實驗告訴我們兩件非常重要的事：

第一，絕不能對人心存成見。當你聽說某人是罪犯，越看他就越像罪犯；你認為某人很虛偽，就越看越覺得他虛偽。

第二，不要因別人的言語懷疑自己。在我們一生中，很可能被人冤枉或誤解。如果你因為別人對你的懷疑感到自卑，進而否定自己，那麼即使你沒有犯罪，別人也會愈看你愈像是個罪犯。

心存成見，就很難對事實作客觀判斷

而現實生活中，我們可能因為疑心太重，或對人有成見就憑空臆測。例如

> 在多說無益的時候，也許沉默是最好的回應，剩下就讓時間去證明。

有人竊竊私語，就懷疑在說自己的壞話；別人無意間看一眼，就以為別人不懷好意；對同事所做的事有意見，就懷疑別人故意整你；有人對你好，又懷疑別人的動機；情人對別人微笑，就懷疑對方背叛；接到沒出聲的電話，懷疑配偶外遇。

再如，有人紋身穿洞，就覺得不正派，會做壞事；態度輕佻的人必愛拈花惹草，急公好義被認為愛出風頭、愛表現；羞怯內向的人被誤會是性情冷漠、孤高自賞，自以為了不起。被女人背棄，便以為全天下的女人都是一個樣子；曾吃過男人的虧，就認為所有男人都不是好東西。這些成見很可能讓人先入為主，以偏概全，影響對事實作客觀判斷。

所以我們在做任何判斷時，都要記得問自己「是否我已真的了解？」大多時候，我們並不瞭解對方，不應該遽下評斷。多數人也不了解你，別把那些話放在心上。

假如有一天，你無意中聽到別人對你的評價，跟事實有很大出入，這並不是你的問題，而是別人對你沒有全面了解。你不必因此而否定自己。重要的是，你了解自己是怎樣的一個人，就不擔心別人怎麼看待你。

倒再多乾淨的水到污水中，也不會變清澈

多年前，美國有位曾做過大學校長的人，出馬競選州議員。此人資歷豐富、博學多聞，又有能力，很有希望贏得勝選。

但是，選舉的中期，有一個很小的謠言散佈開來：幾年前，他跟一位年輕女教師「有一點曖昧行為」。這實在是一個彌天大謊，這位候選人對此感到非常憤怒，並盡力想為自己辯解。由於按捺不住對這一惡毒謠言的怒火，在以後的每一次集會中，他都要站起來極力澄清事實，證明自己清白。

其實，大部分的選民根本沒有聽到過這件事，但是，現在大家卻愈來愈相信有那麼一回事，真是愈抹愈黑。選民開始質問：「如果他真是無辜的，為

什麼要百般為自己狡辯呢？」這讓他的情緒變更糟，也更聲嘶力竭地為自己洗刷。然而，這卻更讓人對謠言信以為真。最悲哀的是，連他的太太也開始轉而相信謠傳。最後他不但輸掉了選戰，也輸掉了婚姻。

如果有人說你做壞事，而你沒做，你要怎麼證明？有人說你是小偷，而你沒偷，你要怎麼證明？你無法證明一件你沒做的事，對嗎？

倒再多乾淨的水到污水中，也不會變清澈。在多說無益的時候，也許沉默就是最好的回應，剩下的就讓時間去證明好了。

狗兒對著月亮狂吠，然而月亮依然皎潔明亮。

對於那些心存成見，亂貼標籤，亂扣帽子，顛倒是非，蓄意詆毀的人，最好的處理方式，就是「理都不理」。

我們的每個言行都在定義自己，別人的言行不能定義我們是什麼樣的人，只會定義他自己。只有你的言行才會為自己下定義。有人胡說八道，你不隨之起舞，誰胡說八道，不辯自明。他們也許試圖激怒你、打擊你、羞辱你，如果你理都不理，他只有自取其辱。

PART 5

你的價值，不是靠淚水博得同情，是靠汗水贏得掌聲

我們往往是「被別人看的」，
以他人的眼光為自己人生舞台的探照燈，
用別人的掌聲來肯定自己的價值。
那麼當燈滅了，掌聲不再，便覺得自己一文不值。
「自己看自己」的人就不同——
自己的表現好壞，自己會知道；
自己有沒有盡力，自己心裡明白；
自己內心的感受，自己最清楚。

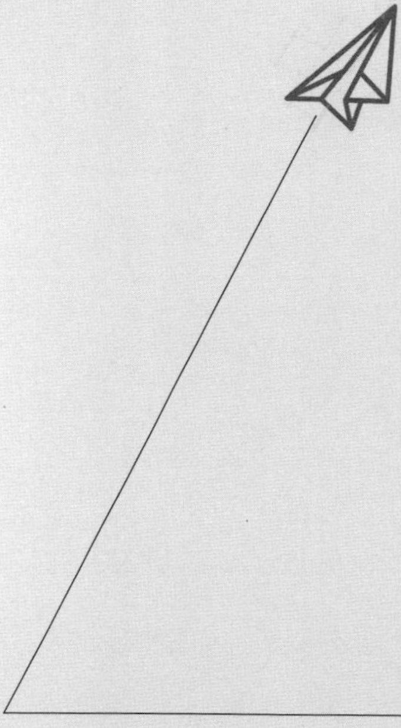

21 負起責任，就會有不一樣的結果

人們喜歡責怪、擅於責怪。上班遲到了，我們怪大眾運輸；考試考差了，我們怪老師教得爛；關係失和，我們怪對方自私；事情沒完成，我們怪別人不配合；生活的不順遂、心情不好，甚至人生的成敗，我們怪父母、怪伴侶、怪上司、怪社會、怪命運……怨的全是別人、嘆的都是自己，彷彿生命中的不如意自己都是受害者。

然而如果問題出在別人，你能怎麼辦呢？你無法掌控別人，對嗎？責怪不會讓你好過一點，只會讓人更生氣，讓情況更加惡化。只要你認為別人該負責，

「沒有一個問題能在一個人
願意負起責任去解決它之前就得到解決。」

你就喪失了改變的能力。

在醫院我發現這類病人也是最難幫助的。他們總是把身體問題歸咎於其他因素，而非自己一天抽兩包菸或過去十年來每晚熬夜吃宵夜，他們會怪父母基因不好或埋怨受環境擺弄。毫無疑問，他們不會為自己的康復負責。畢竟，復健是醫師、護士、物理治療師的工作，不是他們的事。各位認為，他們好轉的可能性有多高？

不靠淚水博得同情，要靠汗水贏得掌聲

多年來，我觀察快樂和痛苦的人之間，在那些樂觀和悲觀，成功和失敗的人之間的差異。雖然我相信有許多不同的因素，但是有一個相同點就是，前者發生事情時，他們很少怪罪別人。他們把重心放在「解決問題」，而不是「抱怨問題」。換句話說，快樂成功的人承擔生活中發生事情的責任。

「我是怎麼造成的？」「我要怎麼改變這種情況？」想拿回自主權，就要反過來問自己：「我要怎麼做才能改變這個不利的情況？」「我需要做什麼，才能讓事情變成我想要的樣子？」

「若我對自己情緒負責，」一個抱怨連連，使家人及朋友都無法消受的婦女表示：「我便不會再那麼沮喪；我明白自己老是一臉哀傷，是我選擇怨恨；我了解自己只是想得到別人的同情；如果我不再自憐，更尊重自己，我可以變得比較快樂些。」

「若我對自己人生負責，」一個中年男人說：「我會不再抱怨我喝酒都是因為老婆的關係，我不會再喝得爛醉；我不會一天到晚看電視，怨東怨西；我不會像現在一樣，傷害自己的身體，給孩子壞榜樣；我會改變自己，重新振作。」

就算是別人有錯，我們仍可以負起責任

或許有人會問：「明明是對方的錯，為什麼要我負責？」責任常被誤解為是讓自己承擔什麼錯誤的後果。其實，責任跟「對錯」無關，負責任是表示你是有擔當的，是表示你對事情的影響力。

有個朋友住家遭小偷，他認為會被闖空門，一定是自己有疏忽的地方。他當天就去訂製了有著堅實鎖扣的新大門，又請師傅來加高圍牆，並且向市府申請設置街燈。另外，自此他在夜裡都會留一間房間不熄燈。此後，再也沒有遭過小偷。

就算錯在小偷，但該負責的人還是自己。當然，別人也需要為自己的行為負責，但那是他的事，別人的過錯不能當做自己規避責任的理由。如果你沒為自己的生活和人生負責，就是你的問題。

套句我常說的話，「沒有一個問題能在一個人願意負起責任去解決它之前

就得到解決。」只有承擔起責任，事情才有可能改變，因為你把指向別人的手轉向自己，就從別人手中要回自己的力量。

任何事情都有兩面，一是問題，一是解決。你可以遷怒他人、謾罵社會、怪罪環境，但問題依舊，直到有人解決。

想想看，當你把一切錯誤和罪責歸咎於別人，你自己就不一樣呢？有嗎？你可以把責怪別人，但你還是你，你不會因為怪別人差勁，自己就變優秀；不會抱怨生活很糟，日子就變好，對嗎？

22 再怎麼低潮，都不要忘了心的自由

「人生而自由！」哲學家沙特如是說。

自由是我們與生俱來的權利，也沒有人可從我們手中拿走，只是大家很少覺察，有人甚至已經遺忘。這個自由是什麼？那就是我們永遠都有選擇的自由。

從早晨起床的那一刻起，你有權利去選擇自己要怎麼過。你可以展露笑臉，也可以繃著臉。你可以讓它變成痛苦的一天，也可以讓它成為美好的一天。

「但是這不是真的。」你可能會想：「天氣陰晴不定，工作難找，妯娌不

好相處，還有一堆煩人的事。這些都不是我可以決定的。」你說的沒錯。生命裡出現的事不全然取決於你，但你一樣有選擇的自由。

你認爲自己別無選擇，這想法也是你的選擇

你跟朋友出去旅遊卻下雨，怎麼辦？你可以心情鬱悶，唉聲嘆氣；也可以選擇一起談天說地，或撐傘漫步雨中，去拍些雨天才有的限定美景。

碰到愛挑剔找麻煩的同學，怎麼辦？你可以以牙還牙，把對方視作眼中釘；也可以選擇一笑置之，或把對方視為幫助自己成長進步的貴人。

辦公室內有個EQ低的同事，搞得氣氛常常烏煙瘴氣，很受不了。後來我想通了，他的個性就是這樣，怎麼辦？就當是在訓練抗壓性吧。我計算過。如果把這麼多年所有的相處時間加起來，我可以花上二千五百個小時對他生氣，幸好我做了正確的選擇。

> 一個快樂和痛苦的人最大的不同，並不是境遇，而是選擇。

每一天都有可能發生這些狀況：白目的駕駛、無理的侍者、難搞的客戶，還有敷衍了事的主管，或者少一根筋的部屬。出現在我們生命裡的人，不會凡事都順你的心，力量來自你知道自己擁有選擇的自由。你可以用一種負面或讓你感覺很糟的方式反應，或以慈悲寬容的方式，微笑以對。

我們時常聽聞某人遭到厄運、挫折失敗，從此一蹶不振，自暴自棄。在意會「這是我的選擇」之前，我們很容易會為自己的行為提出合理的解釋，但想必許多人都聽過有人歷經苦難卻絕處逢生。

沒有人能把陽光遮住，除非你一直閉著眼睛

有一則「軍官妻子」的故事你或許聽過：戰時，她丈夫駐防在非洲沙漠的陸軍基地。為了能經常與他相聚，遂搬到基地附近去住。那裡風沙很大，天氣熱得要命，條件很差……。她覺得自己倒楣到了極點，她寫信給父母，說她不

能再忍受了，情願去坐牢也不想待在這個鬼地方。她父親的回信只有一句話：「有兩個人從鐵窗朝外望去，一個看到的是滿地泥濘，另一個人卻看到滿天的繁星。」

此後這句話常縈繞在她心中，也改變她對生活的態度。她開始與當地居民交朋友，研究當地的編織與陶藝……最後她深深地愛上這片土地，還寫了一本書。是什麼帶來了這些驚人的改變呢？沙漠並沒有發生改變，是因為她的態度改變了，正是這種改變，使她有一段精彩的人生經歷，發現了新天地。

我們我們任何人都會有失望與低落的時刻，這種事情天註定，我們無力改變，但要消沉多久就和上天還有他人無關了。可能有些人會說：「哎呀，我的情況真的糟到讓人一蹶不振，你無法想像我現在的處境。」事實上，你的情況不會糟到一蹶不振，是你對於所處環境的想法讓自己一蹶不振。

大家都知道的老理論：半杯水，你是看到只剩一半，或是還有一半？

同樣的遭遇：一個說，因為那件事造成悲慘的我，而另一個卻說，因為那件事成就了傑出的我。有隻鳥在天上飛。有人嘆氣道：「牠好辛苦，四處飛只為了覓一口食。」然而也有人讚嘆：「牠真幸福，可以自由自在飛翔。」同一件事情，抱怨的人永遠都是抱怨，而看美好事情的，永遠都看美好事情。

這一切都只存在於你的一顆心。你要看向光明，還是黑暗，全由你選擇。日本詩人水田正秀曾寫道：「房子既已燒毀，我更能好好觀賞升起的月亮。」當黑夜來臨的時候，星星也會閃閃發亮。再怎麼低潮，都不要忘了心的自由。

自由的最佳表現不是為所欲為，而是你所作出的選擇。

你怎麼選擇你的記憶，你就有怎麼樣的過去。

你怎麼選擇你的目標，你就有怎麼樣的未來。

你怎麼選擇你的想法，你就有怎麼樣的現在。

你怎麼選擇你的心情，你就有怎麼樣的處境。

你怎麼選擇你的生活，你就有什麼樣的人生。

你想要什麼樣的人生，永遠都有選擇的自由。

23 快樂是自己的，要靠自己成全

人不快樂，最大的癥結在於要別人為自己的快樂負責。你說：「我不開心，因為你只關心自己；我很難過，因為你說那些話；我受傷，因為你毫不考慮我的感覺。我快樂，因為你做了某些事取悅我。」這意味著什麼？你的快樂是由別人掌控，對嗎？

如此，你的情緒必定起起伏伏，因為你心情操縱在別人手裡。換句話說，你是在「求人」，「求人」會讓你委曲求全，讓你覺得卑微；而當你的「要求」被拒絕的時候，會變得憤怒、挫折、失望、沮喪。就像養在盆子裡的花，每天

對自己負責，絕對比找到願意對你負責的人，還要重要。

都等待有人來澆水。當主人忘了，就奄奄一息。

你有沒有想過，你也可以給自己快樂

你是否注意到，當你不快樂並認為是他人引起，就會越想越氣。之所以氣憤，是因為你原本應該開心的，別人卻讓你不開心，所以你把情緒歸咎於對方。對方要是肯配合，你就會好受些，問題是他們不配合，你的心情也好不起來。

有方法改善嗎？答案就在你自己身上。這世上沒有人能代替你吃飯，沒有人能代替你睡覺，也沒有人會替你品嚐寂寞的滋味，就連你開心歡喜也沒有人能代替你體驗。你可以把責任怪到別人身上，不過誰也不能為你的人生負責。

「那個人傷害了我，好多年了我一直無法釋懷……」有位失戀的女孩為情傷所苦，她問：「要怎麼才能走出來？」

我說：先從「愛自己」做起。當你懂得愛自己，就不會為了那個人把自己弄得失魂落魄；當你懂得愛自己，你就不會為了恨那個人而傷害自己；當你懂得愛自己，你就不會繼續浪費你的生命。愛自己，就不必求人，不管有沒有人愛你，你都有愛自己的能力。

該怎麼做呢？問問自己就好。以前曾經做過什麼事情讓自己開心，或是沒有認識那個人之前你是怎麼快樂的？如果都想不到，那就想想你是如何取悅別人，就用同樣的方式對自己吧！

這是你的人生，爲什麼要求別人？

有位太太在經歷了一段不愉快婚姻關係後，她有感而發地說：「那段期間，我並沒有為自己負責，我一直期待著先生為我的生活帶來快樂。現在我知道，當我對丈夫發脾氣時，我會自問：『有沒有什麼事，本來是我自己的責任，但我卻怪他沒有替我做？』」

她終於弄懂，原來自己一直在「求人」。她悟出一件很重要的事「畢竟，這是我的人生，我的生命不應該託付在別人身上，該靠自己來成全。」

對自己負責，絕對比找到願意對你負責的人，還要重要。當你所有的需要都能靠自己滿足時，才會有真正的安全感，才能擁有長久的幸福。

我很喜歡的作家梅樂蒂．碧緹，她在《每一天練習照顧自己》書中列出許多寶貴的建議與練習，其中有幾句話很值得大家深思：「常常，我們覺得別人沒把我們當回事，那是因為我們也沒有把自己當回事。別再以他人為生命重心，別再從他人身上尋找快樂。因為我們的幸福與快樂並非源自於他人，而是出自於自己。不論發生什麼，都不要停止照顧自己。我們值得的。」

快樂要自己求；自己想要的東西，要靠自己去取得。沒有人能幫你一輩子，沒有人陪你走一輩子，也沒有人能一直照顧你。這是你的人生，為什麼要求別人？

情緒是自己的，沒有人有義務要替你承擔，你也沒有義務要承擔別人的情緒。你只需為自己負責就好。

想像一下，你正準備搭車前往海邊度假，班車駕駛突然不開，或是決定改變路線，你會一直跟著他，然後再為此生氣？抱怨對方不負責任？還是另想辦法，最後到達海灘並享受美好時光？

你的人生也應該這樣，要跟隨自己內心的快樂走，而不是隨人左右。

24 看見自己的好，就不需逢迎討好

很多人都會在意他人的評價，因他人的稱讚而開心，為他人的指責而生氣難過。有時別人隨便說的一句話，或許人家早就拋到腦後，而我們卻還在自我折磨，牢記在心。

人的價值並不依附在別人的評價上。一個人被批評為壞人，並不會真的變成壞人；相反地，就算被稱讚是好人，也不會真的變成好人。因為言語改變不了事實。想想，如果你口袋裡有一百塊錢，有人否定你，他說你只有十塊，你會只剩十塊錢嗎？

你靠外在的事物所建立的自信，
會成為你自我懷疑的根源。

如果你的價值和成就是源於他人對你的肯定和看法，那麼你要小心了。因為我們身邊不乏愛批評挑剔、尖酸刻薄、鑽牛角尖的人，想面面俱到，你的生活必定常遇到挫折、沮喪、憂慮和壓力。老是顧慮「我做得如何？」「別人會怎麼想？」「這符合別人對我的期待嗎？」就會患得患失，過得很累，最後還失去最真實的自己。

不要管別人怎麼看，關鍵是你怎麼看自己

記得第一次受邀到文化中心演講時，不知是太緊張，還是太興奮，我跟臺下的聽眾開了許多玩笑，事後回想起來，總覺得這似乎不太符合「我的形象」，再往下想，又擔心演講的內容好像沒發揮得很好……。直到聽完太太的話，我才釋懷。

她說：「你知道嗎？我最欣賞你的地方，就是你的平易近人和幽默感，

這是你的個人特點和風格。如果你因不懂得欣賞你的人，而不再分享你的幽默感，那是非常可惜的。如果你因在乎自己的形象，而刻意隱藏自我，那麼你的形象不就變成假象了嗎？這還是真的你嗎？」

「至於演講的內容，」她接著說：「你一定也很清楚，若非認為你對那個講題有所見地，主辦單位又怎麼會邀請你呢？如果臺下的聽眾有誰比你更懂得，我想在臺上的就是就會是他，而不會是你了。」

她的話如雷貫耳，原來我一直只知說教，卻未能落實在自己生活的實踐上。就像是個沒有身教的父母，告訴子女一大堆為人處事之道，自己卻反其道而行！

只要你心裡知道自己是對的就夠了

我們往往是「被別人看的」，以他人的眼光為自己人生舞臺的探照燈，用別人的掌聲來肯定自己的價值。那麼當燈滅了，掌聲不再，便覺得自己一文不值。「自己看自己」的人就不同——自己的表現好壞，自己會知道；自己有沒有盡力，自己心裡明白；自己內心的感受，自己最清楚。

曾有人問過艾蓮娜．羅斯福（Eleanor Roosevelt，美國第三十二任總統羅斯福的妻子），如何面對惡意的責難？

她說，自己小時候個性十分內向害羞，更怕別人的批評。於是她問起姑媽：「我想做某事，卻又怕遭人批評。」

姑媽告訴她，「別擔心人家說什麼，只要你心裡知道自己是對的就夠了。」艾蓮娜說，後來她住進白宮後，這句話便成了座右銘。

也曾有球迷問科比．布萊恩：「作為一個超級明星你是怎樣面對每天人們對你的批評，甚至還有一些討厭你的人呢？」他對此回答道：「我不關心。」雖只有短短幾個字，有多少人卻一輩子都學不會。

不要管別人怎麼看，關鍵是你怎麼看自己。如果你能了解自己，就不會在意別人的評價；你能肯定自己，就不必依賴別人的讚賞；看見自己的好，就不需要逢迎討好。當你越認同自己所做的事情，就越不會受他人的意見左右。

套用美國總統林肯的話：我盡量用最好的方法去做，盡我所能去做，我打算一直這樣把事情做完。如果結果證明我是對的，那麼人家怎麼說我，就無關緊要了；如果結果證明我是錯的，那麼即使花十倍的力氣來說我是對的，那也是沒用的。

「我做這麼多，為何還有人不滿？」常有人問道：「該做都已經做了，為什麼他們還有意見……」其實，你應該問你自己：「我有做對的事嗎？」

要去做對的事，不要急著當對的人——不要當濫好人。別人認為你如何，那是別人的事，如果你確信自己是對的，又何在意別人的批評？

什麼是對的呢？很簡單，任何符合你本性的就是對的，與你本性不合的就是錯的。當你越來越放鬆、自在、喜悅和平靜，就是對的；當你越來越痛苦、擔憂、不開心，忿憤不平就是錯的。這很容易分辨，只要做你自己就對了！

25 一個人不被喜歡，其實是他不喜歡自己

有誰不希望讓人喜歡？應該不會有人希望別人都討厭自己吧！可是，捫心自問：你是不是喜歡自己？

我問一些人，得到的答案大多是「還好」、「不討厭」，以及「不喜歡」。豈不是怪哉，我們都期望別人喜歡，我們卻不喜歡自己。但是，如果連自己都不喜歡自己了，叫別人怎麼喜歡你？

當你喜歡某個人，你有注意過嗎？你為什麼喜歡他？是不是因為他的某些優點？反過來，當你發現他的缺點，喜歡就變討厭。他們還是同一個人啊，為

不是你不好，而是你沒看見自己的好，我們先否定自己，才害怕別人否定。

什麼？是不是你注意的焦點變了——你太注意對方的缺失？

我們喜歡某人時，想的都是對方的好，而當我們開始討厭，輕易就能找到厭惡的理由。人不喜歡自己也是相同的情況。一個人不喜歡自己，其實跟自己本身的「不完美」無關，而是因為無法接納真正的自己。當我們以負面的心態看待自己，便沒有自信，因為缺少了自信，才會老看到自己的缺點，才會不斷覺得自己不好。把目光擺在缺點上，於是更加討厭自己了。

一個人的自在，是從接受自己的不完美與缺點開始

喜歡自己的第一步，就是接納自己。也許你長相不佳、口才不好、動作慢、膽子小、肉太多、身高矮了點……你一點也不完美，本來就沒有人是完美的，也許你還有許多缺點，這點大家都一樣。你必須擁抱最真實的自我，並開始懂得欣賞，才可能活出自己。

年少時，我曾是個內向木訥的人，在團體中很不起眼。每當輪到我發表意見的時候，常言不及意；一群朋友互相抬槓說笑，也接不上話，當時總覺得自己該說點什麼，才不會顯得很拙。

後來，我想通了，「這就是我」。我不再想刻意說些什麼，不刻意展現能力引起注目。反過來，我開始充實自己，大量閱讀，也因此開始寫作。

以前與外國人見面，我常感到不自在，因為我一直很不喜歡自己英語的口音，後來好友說了一句話：「就是因為有那個口音才是你嘛，何必介意！」

這話彷彿雷擊般把我打醒。沒錯，那口音也是我。雖然自己有缺點，但是別人未必會在意，如果連自己都不喜歡自己，怎麼可能有自信？活得自在？

從這件事我領悟到：一個人不被喜歡，其實是他不喜歡自己，我們先否定了自己，才害怕別人否定。一個人的自在，是從接受自己的不完美與缺點開始。就好像我頭上有許多白髮，但我不介意，也不想把它們藏起來，所以就算它們越來越多，我一樣很自在。

喜歡自己，自然流露最美好的特質，最自在的表現

你看很多演員歌手並不是最美麗，也不是最完美，為什麼能展現獨特風采？因為他們真正接受自己。為什麼能深受大家喜愛？因為他們真心喜歡自己。這並不代表他們不在乎自己，相反地，他們很清楚自己的缺點，但依然十分自在，甚至還大方的談論。一旦能展現自信，缺點反成了個人的特色。

當然，不可避免的事實就是，這個世界並不是繞著你在轉，沒有人可以完全圍著你、肯定你、滿足你，即使再完美的偶像，再有魅力的巨星，都還是會有人討厭。那又如何？心理學家海因・雪勒曾提出數據說：「若認識一百人，裡面有十五個人喜歡你，就已經夠多了。」做真實的自己，或許會失去一些朋友，但留下的都是喜歡你原本樣子的人，都是真心對待你的。你不必再添加或修飾什麼；不需要去迎合也不需要去偽裝。當你能以目前的樣子來愛自己、喜歡自己，自然會流露最美好的特質，有最自在的表現。

你看到一朵花，你覺得它很美，但從花的角度而言，並沒差別。它只是做自己，不管你喜歡或討厭，那是你的事，與它無關。

一朵玫瑰需要贏得你的肯定嗎？一隻小鳥期待獲得你的喜愛嗎？

不，玫瑰綻放不是為了你的讚美，小鳥唱歌也不是為了得到你的掌聲。

就像有一首詩寫的：

「你知道，你愛惜，花兒努力地開；

你不知，你厭惡，花兒努力地開。」

不管你喜歡也好，討厭也罷，我依然做自己。

PART 6

你的智慧，就是當你平和喜悅，心裡的那個聲音

生氣抓狂時，先冷靜下來，

1. 問問自己，這事是不是真有那麼重要？
2. 這需要發這麼大的脾氣嗎？發怒有用嗎？
3. 現在可以做點什麼有意義的事？

試著等一段時間，看看隔天有什麼感覺。我相信你會對自己說：
「我很高興昨天沒有發火，沒有做出任何決定。」
這種感覺比憤怒的感覺好上千百倍。

26 以憤怒做出發，多以懊悔收場

「任誰都會生氣，生氣很容易；但是要氣對對象、氣對時機、氣對方式，就沒有那麼容易了。」亞里士多德是這麼教我們的。但有時候真的很難做到。在自己火氣冒上來之後，還能克制衝動。被人挑釁時，我們很自然會想報復並攻擊對方；有人一再犯錯，我們忍不住就會發飆。這樣至少痛快些，但發火之後呢？你是否悔不當初？是否有解決問題？是否得到圓滿的結果？是否與別人的關係更好，或是正好相反？

幾天前，助理又忘了我交代的事情，我的火冒了上來：已經講第幾次了，

所謂的「智慧」就是當你心平氣和，喜悅愉快時，心裡的那個聲音。

還會搞錯。我想要像暴風衝過去，給他一頓排頭。且慢，接著我想了想，他平日都很盡責，或許只是一時疏忽；又或者是我自己心情不佳，也許是最近工作較多，也許是我累了。我緩下來告訴自己：「還是等明天再說好了！」我從未對這種謹慎態度後悔。

憤怒的結果往往比他的原因更可怕

我聽說有一個女人寫信給名作家戴爾．卡內基，因為他在電臺演講關於林肯的事，裡面所提到的很多日期都錯了。

那個女人非常喜歡林肯，所以寫了一封語氣非常憤怒信說：「如果你連林肯最基本的生活傳記都不知道，就不該上電臺，這是對林肯的一種侮辱；如果你的資料不全，最好先將資料搜集好再開始演講。」

戴爾．卡內基在當時已經非常有聲望，寫過很多暢銷書；他覺得被冒犯了，非常生氣，立刻以同樣語氣回了一封信，但是時間已經太晚，僕人已經回家了，他就把信留在桌上，想要隔天早上才寄。

到了早上，當他正要將它放進信封時，再看了一次，內心覺得：「自己說得太過火了，那個女人並沒有像這樣寫，她不值得我這麼憤怒。」而且，就某方面而言，她講得也有道理，於是他將那封信撕掉，又寫了一封完全不同的信。

在那封信裡面並沒有憤怒，相反的，還感謝她使他覺知到某些錯誤。然後，他又想：「如果在十二小時之內有這麼大的改變，那我何不再多等幾天，先不必急著寄出這封信。」

他做了一個實驗，再度將信留在桌上。到了晚上，他再度讀它，想要再更改其中的幾個字，到了第七天，它變成一封情書。

「那個女人後來被證實說是個很好的人，」卡內基描述說，「她是他一生當中最好的朋友之一。如果他的僕人還沒走，而原來那封信被寄出，那麼事情將會怎麼樣，他一定會多一個敵人。」

不要把生氣視爲理所當然，內心才有動機去消除

在「希伯來法典」上銘刻著：「人憤怒的時候，就會犯錯。」聖經新約《腓利門書》（Philemon）也寫道：「當人憤怒時，都是瘋狂的。」無論生氣的原因是什麼，在你氣得七竅生煙、口不擇言時，可能刺傷一個人，摧毀一段友誼，甚至做出讓自己終生懊悔的事。

據統計，多數交通事故的發生都肇因於盛怒、激動的駕駛；破碎的婚姻都因爭鬧不休；易怒比抽菸、喝酒、高血壓、高膽固醇的人更早死。憤怒的結果往往比他的原因更可怕。如果你到監獄去問問看，他們有半數以上將會告訴你，「要是當時自己不那麼衝動，現在也不會被關進牢裡。」

以憤怒做出發，多以懊悔收場。所以，千萬別衝動。先冷靜下來，試著等一段時間，看看隔天有什麼感覺。等你回頭看時，我相信你會對自己說：「我

很高興昨天沒有發火，沒有做出任何決定。」這種感覺比憤怒的感覺好上千百倍。

所謂的「智慧」就是當你心平氣和，喜悅愉快時，心裡的那個聲音。記住，雖然把氣發出來比悶在心裡舒服，但是心平氣和才是上策。不要把生氣視為理所當然，內心才有動機去消除。

平復心情三招：

1. 問問自己，這事是不是真有那麼重要？

一旦你理性地去思考，就能判斷自己是否「小題大作」。

2. 這需要發這麼大的脾氣嗎？發怒有用嗎？

這提問可以讓你降低火氣，或直接熄火。

3. 現在可以做點什麼有意義的事？

你可以出去跑幾圈、打一場籃球，把房子打掃一番，開墾一塊種菜、花草的地方，或是把憤怒化為幹勁，拚更多業績，考出更好成績。

27 拿爛泥丟人，先弄髒的是你自己的手

如果你腳被石頭砸到受傷，你會用力踹石頭洩忿嗎？

我才不會那麼笨！你說。

可是自己可能就做這樣的事。你厭惡某個人，然後你在心裡咒罵他，是誰一直聽到咒罵聲？當你一遍遍地想著對方的傷害，是誰受折磨？是誰會憤怒、憂鬱？誰無法平靜？誰睡不安穩呢？是你自己。

忿恨遠比你忿恨的對象傷你更深。

「難道我要這麼輕易就放過他嗎？」你不平：「你不明白他對我做了什

麼事。」「我恨透了那個人，實在是太過分了。」「他傷害我太深，我永遠不會原諒他。」原諒，很不容易，尤其要去原諒一個傷害自己很深的人，更不容易，但是當我們不願意原諒別人的結果，到頭來只會傷害到自己，痛苦的也是自己。

想想，你拿爛泥丟人，先弄髒的是誰的手？你想扛石頭去砸人，然而一直扛著石頭的是誰？是你。對嗎？

若我憎恨他們，那與繼續被關在監獄沒有差別

如果原諒了某個人，等於在告訴對方，他可以為所欲為。這是人們普遍的論點。許多人會問，為什麼不給傷害他人者得到報應？

原諒錯的人，不表示他過去對你所做的事就從沒發生，或是他的所作所為是可以接受；也不代表你必須跟對方言歸於好。原諒是為了自己，是要取回你

> 不是對方值得原諒，
> 而是不值得放在心上。

的未來，是為內心帶來平靜，也讓自己可以重新開始新生活。

大家熟知南非的民族鬥士曼德拉，因抵抗種族隔離政策坐了二十七年的冤牢，就算如此，重獲自由時，他仍決定放下仇恨。為什麼？

在柯林頓的自傳中，這樣記載著兩人的談話。

柯林頓問曼德拉：「我認為在總統就職典禮上，邀請囚禁總統的監獄官員們是非常偉大的事情，但是您真的不怨恨他們嗎？」

曼德拉回答說：「怨恨過，怨恨他們非常久的歲月。然而，有一天在採石廠打石頭的時候，頓悟到他們拿走了除了我精神和心靈之外的所有東西，所以決定絕對不會把僅剩的那些也給他們。」

柯林頓又問：「最後離開監獄時，心中不會再次湧現憎恨嗎？」

「當然會，然後我想，『他們已經囚禁我二十七年了，若我憎恨他們，那與繼續被關在監獄沒有差別。』我想要自由，所以釋懷了。」

重點不是「報復」，而是「讓自己過得更好」

原諒，不是放過別人，而是放過自己。不是為了做聖人，而是為了做一個自由的人，決定不再讓他人掌控生命，不再被鎖綁在犯錯者身上。

心繫仇恨，一心想報復的人，很少靜下來想過。如果能忘掉別人對你的傷害，你的傷害還會剩多少？如果不再怨恨，你的痛苦還會持續多久？

再想想，如果你痛不欲生，誰會痛苦呢？是自己和那些關愛你的人。如果你變成那樣，誰會高興呢？你憎惡的那些人最高興。那就是為什麼說「最好的報復就是讓自己過得更好」。

曾在電視聽到一位氣質高雅的珠寶設計師，說了一段自己的往事。當她發現前夫外遇後，她曾是每天躲在家裡哭，日子過得很悲慘。直到有一天，她躺在床上想，現在只有兩條路，一麼就是直接從家裡的十三樓往下跳，從此一了百了；二麼就是過得比現在更好，來報復前夫。最後她選擇了後者，於是努力認真的生活，成了珠寶設計師，現在事業做得很成功，而且過得很充實美好。

重點不是放在「報復」，而是「讓自己過得更好」。這就對了！

「君子報仇，三年不晚」，其實我有很多仇都報了，但不是我自己去報的，只是我讓自己越過越好。我想辦法讓自己原諒，不是因對方值得被原諒，而是不值得放在心上——何必踹石頭洩忿？

很多人不能原諒別人犯錯，但自己也犯過錯。其實所有的寬恕，都是對自己的寬恕，原諒自己曾錯看了某個人，做錯了某些事，原諒自己的自責、懊悔、罪惡。

試著退一步，看到對方和自己一樣，是一個凡人，有時會犯錯、會衝動，有時會懦弱、會暴躁，有時會失去耐心，有時也會迷糊……當你看到自己也曾犯下種種過失，寬恕就容易多了。

給人留一步路，好讓自己的路愈走愈寬。因為說不一定哪天，你也需要別人原諒。

28 壓低別人，自己也站不到高處

有個秀才，自以為比別人多讀了幾年書，便十分驕傲。有一天，一個不識字的農夫請教他：「什麼是『令尊』？」

秀才看農夫一副呆頭呆腦的模樣，連令尊是父親都不懂，就故意戲弄他說：「這也不懂！『令尊』就是兒子。」

善良耿直的農夫直接又問：「不知秀才家裡有幾個『令尊』？」

只見秀才的臉一陣白一陣紅，好心的農夫心想，他或許沒有兒子，就熱心地說：「秀才大概沒有『令尊』，我家『令尊』很多，要不給你幾個做你的『令

把別人弄臭，自己並不會變得比較香。
送人香花，手上必留餘香。

尊』？」

人為什麼想貶低別人，抬高自己？為了顯示自己較高明，較出色，想滿足自己的優越感，得到更多的尊重。又為什麼不被尊重？只因不自重，不值尊重。

給別人挖洞的人，自己也可能掉進洞裡

有位高傲的貴婦，在一家非常昂貴的餐廳裡，一直抱怨著這樣不對，那樣不好。侍者耐著性子直賠不是。但這位貴婦的氣焰反而越發囂張，隨而指著一道菜對侍者說：「你說，這叫做食物？我看連豬都不會吃！」

侍者終於按耐不住，對這位貴婦說：「太太，真是這樣嗎？那麼，我去替你弄點豬吃的來。」

正所謂「人必自重而後人重之，人必自侮而後人侮之」。「自尊」與「尊重別人」其實是同一件事，當我們不尊重別人的時候，也會傷到自尊。

想想，如果你每次上某家餐館，廚師都會在你耳邊嘮叨個不停，說附近幾家同業根本就不會做菜，料理難吃，食材不新鮮，而且價格也太高等等，你有什麼感覺？你會對他的評價變高，還是對他的人品打一個折扣？

有個婦人去看醫生：

「你身體不舒服幾天了？」醫生問。

「已經五天了，起初我在對面的藥店買藥來吃，吃了四天，但是還沒好。」婦人回答。

這位醫生對那家藥店的老闆不懷好意，他認為打擊這家藥店的機會來了，於是他神氣時十足說道：「你聽那一家藥店的話，一定會倒楣的，他什麼都不懂，只會胡亂瞎掰。」

醫生話還沒說完，婦人就匆匆地要走了。

「太太，我還沒給你診斷，為什麼就要回去了呢？」

「因為我來這裡看病，是那家藥店老闆介紹的。」

你無法藉著不尊重人來贏取別人的尊重。為什麼你要尊重一個，「不值得尊重」的人？

在生活周遭常遇到這種喜歡在別人背後說長道短、搬弄事非、誣陷、誹謗的人，我通常會對他保持距離，原因很簡單：我很可能也會成為他毀謗的對象，只是今天我運氣好，碰巧在場，而對方倒楣不在場而已。然而，明天角色可能就互換了，遭到毀謗的人可能就是我。

讚美別人的人，自身必有值得讚美之處

人與人之間都是相互的。壓低別人的人，自己也站不到高處；把別人弄臭，自己並不會變得比較香。

一位老太太在樓上晾衣服，不小心失手把衣架掉到樓下去了，結果正好砸在一位過路人的頭上。

過路人很生氣，捂著頭上被砸的大包，拿著衣架跑上樓要與肇事者理論。他到樓上，正好撞見這位老太太。

老太太笑容可掬地說：「真是的，讓我自己下樓撿就是了，還勞您費心給送上來，真是多謝了！」

過路人當場愣住，也沒想出句合適的話來回答。

讚美別人的人，自身必有值得讚美之處。孟子曾經說過：「愛人者，人恆愛之；敬人者，人恆敬之。」當別人把你描繪成一個天使時，你還能發怒嗎？尊重別人就是尊重自己。送人香花，手上必留餘香。

自尊就像翹翹板，你在這頭，對方在那頭，只要對方被貶到較卑微的地位敵意就會升起，相反，只要壓低自己這頭，情誼和交情就高起來。

有句說得好：「想結冤家，就凌駕於朋友之上；想交朋友，則讓朋友凌駕於你之上。」很多時候，彎腰比站直更高，低姿態比高姿態有用。謙恭往往比強硬的態度更能說服人；提高他人的自尊心比任何方法更能與人交心。

29 人都會做錯事，受到批評是很正常的事

每當被批評之後，人們總是急著為自己辯白，找人發洩怨氣；有人可能氣急敗壞，甚至惱羞成怒，但冷靜下來想想批評真的是件壞事嗎？

曾跟一家公司的老總聊天時，談到員工的管理。他說，「現在的年輕人真糟，才說他們幾句就受不了。」

怎麼說呢？就是當上司指出他們錯誤時，要不是擺出一副臭臉，就是找出各種理由來為自己辯解。還有的更糟，馬上怒氣沖沖地回你一句，「我不幹了！」

對你期望愈高的人愈會指責你，
地位愈高批評者愈多。

他搖頭感嘆說：「人家指責你，其實也是在教導你。如果老認為這是在找碴、是挑毛病，那毛病又怎麼可能改善呢？」

沒有人喜歡被人否定或指出錯誤，我們會覺得批評就是貶低自己，但是，因為每個人都有進步的空間，批評其實會讓自己變得更好，而不是更糟。人們之所以抗拒，說穿了，是因為批評使我們面對自己。批評就好像有人拿鏡子在你面前，如果你沒看清楚就推開，甚至把鏡子砸爛，對自己才是最大的損失。

接受批評不是要迎合對方，而是爲了讓自己變得更好

如何面對批評呢？最關鍵的一步是態度。

首先要有傾聽的態度，先不去管這些話聽起來有多強烈、多難聽，也不要一味否定或全盤接受，而是把焦點放在內容本身。先搞清楚「這是真的嗎？」「這是善意的嗎？」

比如，社群媒體中充斥的匿名言論，充滿主觀意識，且常用攻擊性的言語及騷擾；又或者某些認識卻不熟悉，平時沒太多接觸的人，多半一知半解，信口開河。要是你的認同是建立在這些流言蜚語上，你的痛苦會沒完沒了。

如果批評你的人平常的風評不佳，經常貶低別人來提升自己，那麼，這種人說的話聽聽就好。很多時候，他們講出的話自己都忘了，何必放在心上？

再如，有些人話中帶刺、尖酸刻薄或態度傲慢，通常是出於忌妒……，也許你表現太亮眼，搶走別人風采，但那不是你的問題。就像把瓷杯與鋼杯放在同一個籃子，當他們互相碰撞，瓷的自然破碎，其實不是鋼杯有意把它撞破，只是在同一個地方碰撞的結果。如果你表現好，你身邊的人承受壓力，自然會排擠你。你應該問的是，你認同這個人嗎？如果你不認同這人，又何必在意他說什麼？

西諺說：「假如別人指責你，是對的，那你沒有資格生氣；假如別人指責你，是不對的，那你又何必生氣呢？因為是他錯！」

善意的批評，用意是在於幫助別人把事情做得更好，或成為更好的人，而不是貶低別人，或是把罪惡感或挫折感加諸在別人身上。如果有人用不尊重你的方式批評你，你不需要理會，並了解那些批評其實是透露出批評你的人是什麼樣的人。

水平面上升，就能把地下凹凸不平蓋過

只要你活著，勢必得接受別人的批評，尤其是對你期望愈高的人愈會指責你，而當你地位愈高批評者愈多。只要想想那些公眾人物就知道——一顆果實累累的樹，總會有人拿石頭去丟。事實上，如果你想在一生中有所作為，那麼，緊接而來的就是會有一些人跟你敵對。何況人非聖賢，不可能完全沒有過錯，那麼聽到批評是很正常的事情。

東晉時代有一位政治人物就做周顗，有一天他與宰相王導聊天，王導心存

蔑視地問周顗：「你的腹中有什麼東西？」周顗回答：「空腹。腹內空無一物，但也可以容幾百人鑽進去。」有一段時間，王導之堂弟王敦常到皇帝面前說周顗的壞話，皇帝深為困擾，召周顗問道：「為什麼老是有人在背後說你壞話？」周顗回答：「我本來就知道萬里的長江，千里之長總會有一些邪曲之處。」

水平面上升，就能把底下凹凸不平的地表蓋過。當你覺得批評已經無法影響你時，批評對你就是最高的肯定，因為你的「水平」已經提升了。把別人的批評當成是自己前進的動力，你的成就自然水漲船高。

想像一下，你走過樹下，樹上的猴子忽然對著你丟擲一顆椰子。你會氣急敗壞，暴跳如雷？還是撿起椰子，喝了其中的果汁，吃了其中的果肉？

你不必理會「惡意批評」，但要傾聽「發自內心的忠告」，抽離敵意和情緒，聚焦在批評的內容，因為只有這樣，才會讓你更好。

30 承認自己缺失時，也是最深得人心的時刻

雖然我們經常說，知錯就改，善莫大焉，但願意坦然認錯的人卻寥寥可數。因為認錯就是對自我的一種否認，這需要相當大的勇氣，尤其對自我價值和自尊較低的人來說，往往很難放不下身段，拉下臉來向別人道歉。

其實，犯錯是一回事，拒絕認錯是另一回事。很多時候，別人怪罪我們並不是因為我們犯的錯誤有嚴重，而是我們面對錯誤的態度。同樣地，別人原諒我們的錯誤，也不一定是因為我們的錯誤微不足道，而是我們是否會真誠道歉和更正自己的錯誤。

知不知錯可能只是智力問題，
但認不認錯卻是人品問題。

畢竟，沒有人能改變自己不願承認的事，對嗎？

死不認錯，比犯錯更可怕

羅馬帝國時期，有位安德烈大帝經常巡視各地，有一天，他到了一個監獄視察，並詢問所有的罪犯：「犯了什麼罪？」他想看看他們是否有悔意。

「我沒有犯罪，我是冤枉的啊！」

幾乎每個罪犯都大聲喊冤，說自己無罪，要求被釋放。

在眾多喊冤的犯人當中，只有一個犯人很誠實地說，他犯了錯，罪有應得，願意受監服刑。

安德烈大帝聽了，對獄卒說：「這個壞人怎麼可以和這麼多的人關在一起？立刻把他放掉，免得所有的人都跟他學壞了！」

走錯路不可怕，最可怕的是走錯路了還持續前進，回程的路程就會更遠。

有人曾這樣說過：「我能接受一個容易犯錯的人，但絕不跟從不認錯的人相處——知不知錯可能只是智力問題，但認不認錯卻是人品問題。」

人們會原諒錯誤，因為錯誤往往來自無知，或是錯誤判斷。不過人們不會輕易原諒不認錯的人。因為，這種錯誤出自於不誠實、推諉責任，以及為了遮掩錯誤的狡辯。

認錯不會貶損價值，反而會提升別人對他的評價

多數人對「認錯道歉」常有錯誤認知，以為道歉是向人示弱，認錯很丟臉，沒面子，會被人取笑。這些都是自己想太多了。若是我們看別人有勇氣認錯道歉，一定是很佩服、肯定他們。

當年美國總統羅斯福在競選時，曾經對一個小鎮發表演說，當他提到女性應該擁有選舉權時，突然有人大笑：「這句話和你五年前所說的不是相反

嗎?」

羅斯福聽了,毫不掩飾地回答:「是啊,五年前我的確有另一種想法,但是現在我已經發現那是個錯誤的主張。」

他丟臉嗎?不,認錯並不會貶損一個人的價值,反而會提升別人對他的評價。

林肯也提到過,當他在南北戰爭中對葛倫將軍的挺進方向判斷錯誤時,立刻寫信說:「我現在想私下向你承認,你對了,我錯了。」他隨時願意認錯的個性,使他贏得了共事者的尊敬和親善的美譽。

曾有讀者寫信問:每次和男友吵架,道歉那一方都是我,明明兩人起爭執雙方都有錯,但為什麼我總是先道歉的一方?這是向他示弱嗎?

「正好相反。」我告訴他:「道歉需要勇氣,只有勇敢的人才能。」

所以,有錯就道歉,不管對方接不接受都無妨。請記得,你不需要為對方的反應負責,為自己的行為負責即可。當我們承認自己的缺失時,也是最深得人心的時刻。真誠的道歉比任何行動都更能化解仇恨，修復關係，贏得尊敬。

你唯一需要的只是真心誠意但不易說出口的一句話：

「對不起，我錯了！」

班傑明．迪斯雷利（英國前首相、作家）早在一百年多年前，就說過：「世界上最難做到的一件事，便是承認自己錯了。」他接著又說：「要解決一種情況，除了坦承錯誤，沒有更好的方法。」

誠心道歉的人不是懦弱，而是有修養氣度；低頭認錯的人不是輸了，而是更在乎對方。承認錯誤——表示你是人，是人都會犯錯；表示今天的你比昨天的你更優秀；表示現在的你比過去的你更勇敢；表示你還可以進步，還可以更好一點。認錯，是加分，不是扣分。

PART 7

你的夢想，之所以遙遠，是因為你都只是在想而已

很多人不是不努力，
而是人生必須做抉擇時不勇敢。
我們常常侷限於一個小空間繞圈子，
像是自囚在籠中的小鳥，忘了飛翔的能力。
為生活中的瑣碎事務給淹沒，早忘了夢想的樣子。
勇敢地踏出舒適圈吧！
你最欠缺的就是冒險精神，失敗了，至少你嘗試過，
不會日後才感嘆後悔：「我真希望自己曾經如何如何。」

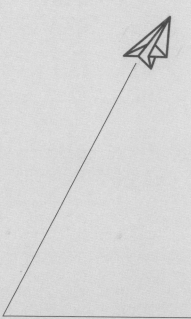

31 人生有夢很美，築夢踏實才是根本

「你長大想做什麼？」這是大人最愛問小孩子的問題，小時候每個人對未來都充滿著夢想，可是長大後卻被重重限制給抹煞掉了。當學生幾乎都寫過「我的志願」，成年之後你的志願是否還在？

當我跟新進的員工談話時，都會問他們人生的願景是什麼，以及如何讓自己達成。我要求他們就這兩個問題回答。我不希望只是聽到，「我想要成功、富有以及快樂」，因為這些大家都想要。我更關心的是：「你做了什麼？」

如果你說：「我想培養第二專長。」我會問：「那你現在都在做什麼？是

我們往往高估以後能做想做的事，
卻低估了現在能做的事。

不是開始利用時間去學習寫程式、訓練技能，考證照，或是學才藝、回學校進修？」

如果你說：「我想學第二種外語。」我會問：「那你現在都在做什麼？是不是能少看點電視、少說些廢話，善用零碎時間背單字、閱讀，或是透過旅行、工作、生活等體驗學習？」人生有夢很美，築夢踏實才是根本。

不怕夢想遠大，就怕躊躇不前

受邀參加一個婚宴時，同桌一位讀者告訴我，她正在計畫寫一本書。

「很好啊！」我說，「什麼時候呢？」

「還在想怎麼開頭，我在等靈感。」她想聽聽我的意見。

我告訴她，「靈感和行動是一起出現的。想不出開頭該怎麼寫的時候，可以從第二行開始寫。此路不通，就換別條路試試，也許發現不一樣的風景。」

這話我也常告訴學生，不必等到「萬事俱備」才開始，等待不會增強你的能力和信心，等待也不會讓你無中生有。重要的是：不要一直待在夢裡，而是要全力實現。

例如你說：「等我有錢，我想開咖啡店。」那沒錢是不是什麼都不做？你應該問自己的是：「以目前的條件，我能做些什麼？」像是，先從生豆挑選、烘焙、沖煮等各方面了解咖啡。看書學著做，或上課進修，具備相關知識技能；多觀察咖啡店的店鋪選擇、座位安排等有什麼祕訣；還可投資一些創意的擺設、可愛的餐具，製造話題，吸引來客數。

如同蔡康永說的：「你不用急著完成你的夢想，可是你要不斷地靠近夢想。」夢想可以遠大，但行動計畫要小。可以選擇從最小的目標開始做起，有了小成果，就會對自己產生信心，就有動力再持續完成，才不會讓淪為不切實際的空談。

不怕你太晚開始，就怕你從不開始

你希望五年後的生活是什麼樣子？今天你能做哪些事情讓自己更接近目標？一萬公里的旅程也是從第一步，每天往前一步，就更接近目標一步。不怕你太晚開始，就怕你從不開始。

常有人說，我也知道行動的重要，可是我什麼都不會，又沒有經驗，要怎麼開始？這就好像說「要先讓我學會游泳以後，我才要下水一樣。」有誰在第一次之前就有經驗的呢？

你必須先下水，才能學會游泳；你得先開口，才能學會說話；得先去寫，才能學會寫書；得先邁開步伐，才能學會走路，道理並不難懂，你得真正去行動，才能獲得想要的一切。

一個八歲就寫作出書的小女孩，記者訪問她：「你這麼小年紀就能成為作家，那將來長大想要做什麼？」

小女孩反問記者：「為什麼要等我長大才能做我想做的事呢？我現在不就正在做嗎？」

我們往往高估以後能做想做的事，卻低估了現在能做的事。想做的事，現在就去做，「想做的時候，就是最佳時機。」做就對了！

有句話說得好：「出路，出去才有路；困難，困在家就難。」

路是人走出來的，辦法是人想出來的。雖說萬事起頭難，但不踏出第一步怎會有下一步，不離開原地怎到得了遠方。有了第一步開始，才可能有下一步。即使第二步路還看不清楚，但不必擔心，只要你踏出一步後，自然會知道下步路該怎麼走。

正如一個人提著燈籠走在幽暗的山徑裡，在黑暗中看不見山徑的盡頭，可是燈光卻足以照亮下一步。所以，趕快踏出你的第一步吧！

32 一直走舊的路，就到不了新的地方

「森林裡分出了兩條小徑，而我選擇了人煙罕至的那條，這讓我的人生從此不同。」詩人；羅伯特・佛洛斯特如此說。

處在十字路口難以抉擇時，你會走哪一條路呢？

在我當年放下臨床工作，而選擇教學寫作，這首詩鼓舞我作了這個重要的決定。

如果連一點苦都受不了，一點冒險的勇氣都沒有，別說這是你的夢想。

挑戰自己，看看自己的極限在哪裡

人總習慣窩在自己舒適圈，有著熟悉的環境、熟悉的人、熟悉的工作，相對感到輕鬆自在，有安全感，卻也同時限縮了自己的經歷，漸漸喪失了熱情，錯失很多成長的機會。特別是外界的環境一直在改變，一直在前進，當一個人在圈內安逸久了，心理調適能力都鈍了，容易對變局不知所措。不敢冒險，反而是最大的風險。

當然，只要我們向未知領域邁進一步，就是一種挑戰，挑戰就有風險，而有風險就有失敗的可能。然而失敗又代表什麼？哥倫布向正西方航行，目標是要尋找前往印度的新航線，卻沒有達成。他失敗了嗎？沒有，他反而發現了新大陸。

最近看了一個歌唱比賽節目，有位歌手面臨淘汰，主持人問：「為什麼不選擇自己最擅長的歌路應戰？」她說：「我希望每次都呈現不同的面貌，我想挑戰自己，看看自己的極限在哪裡。」

看看自己的極限到哪裡？說得好！人生沒有任何事是百分之百確定的，你必須不斷地嘗試，失敗了，可以從中學習；但如果不去挑戰，那麼你注定原地踏步，你不知道還有其他的機會，其他的可能性，你無法測試自己的極限，更不可能發現新大陸。

很多人不是不努力，而是做抉擇時不勇敢

網路流傳一則對話：有人對馬雲說：「我佩服你能熬過那麼多難熬的日子，然後才有今天這樣的輝煌。你真不容易！」

馬雲說：「熬那些很苦的日子一點都不難，因為我知道它會變好。我更佩服的是你：明知道日子一成不變，還堅持幾十年照常過。換成我，早瘋了！」

我發現很多人不是不努力，而是人生必須做抉擇時不勇敢。我們常常侷限於一個小空間繞圈子，像是自囚在籠中的小鳥，忘了飛翔的能力。為生活中的瑣碎事務給淹沒，早忘了夢想的樣子。改變不難，只是你願不願意走出舒適圈。有時候，這表示你得毅然離開安穩卻不滿意的工作，或者結束貌合神離的關係。擺脫令你束手縛腳的人事物，走自己的路。

一直走舊的路，就到不了新的地方。「按照我這樣的生活方式，我喜樂嗎？」如果答案是否定的，那麼你就必須改變。你必須去嘗試新的路線、新的生活形態、新的可能。

激勵專家謬西韓森這樣說：「寧可不要走在貧瘠的大道，而是走上一條充滿樂趣的小徑。」我知道有些人選擇走一條與眾不同，人跡稀少的路。一路上可能困難阻礙，還有許多反對、數落、澆冷水。這很正常，所有成就者，在開始之初都曾經歷過。與其擔心人們反對的事，不如把力氣花在真正渴望的事，設法去完成他們所欽佩的事。

請記得，這是你的旅程、你的人生。自己不去實現，誰會替你綻放？
如果連一點苦都受不了，一點冒險的勇氣都沒有，別說這是你的夢想。

有多少次，我們眼睜睜地看著人生在眼前流逝，卻依然騙自己認真活過？

有多少回，機會就在眼前，卻因自己的膽怯而擦肩而過？

船停泊在港灣是安全的，但船的用處並不在於此；花開不是為了花落，是為了綻放；生命不是為了活著，是為了活得精彩。

勇敢地踏出舒適圈吧！你最欠缺的就是冒險精神，失敗了，至少你嘗試過，不會日後才感嘆後悔：「我真希望自己曾經如何如何。」

33 把眼光放遠，就能忍受眼前

一位學生問：常常聽人家說，做事情前，先把你的眼光放遠。也常聽別人評論某些人的時候，說到他會失敗是因為眼光放的不夠遠。什麼是把眼光放遠？要怎麼做？

把眼光放遠，意思就是要有遠見，不要只在乎眼前近利。也可以說凡事多想一點，不要為了一時而去做。不要因一時衝動做決定，為了一時的困境去做不好的事，不要因一時寂寞就擇偶，一時的迷惘毀了自己的前途，一時的安逸放棄了努力，一時的利益侷限了眼光……。

別在該奮鬥的時候，選擇安逸，
否則你未來只好用辛苦來償還。

當你爬得越高，看的視野變廣了，自然就有更多選擇，發現更多機會，更多的可能。眼界放遠了，格局越大，越不會計較眼前的小利。

放棄眼前利益，才能成就更長久的利益

每當有進入職場的學生尋求我的意見，我總是提醒：不要以起薪多少來選擇，眼光要放遠，選擇一份有發展性的工作，這個發展性包含了專業的提升、成長的空間、職務的升遷，更重要的是，找到自己有興趣，能發揮所長。很多無形的價值，往往都不會立即反映在眼前收入。

「人兩腳，錢四腳」，人追錢很難，但人的能力提升了，把現有的服務做好，口碑好，再口耳相傳，自然機會不斷，財源滾滾。

還要記住，千萬不要停止學習。工作資歷不是年資，一直都做相同的事情，經驗一直重複，就等於是在原地打轉。在現在這麼快速變遷的時代，若不積極

培養「第二專長」，或是強化「自己的第一專長」，很容易被淘汰。

有兩個年輕鄉下人甲、乙一起挑水去城裡賣，一桶賣一元，一天可以挑二十桶。

有一天甲說：「我們每天挑水，現在可以挑二十桶，但等我們老了還可以一天挑二十桶嗎？我們為什麼不現在挖一條水管到城裡，這樣以後就不用這麼累了。」

乙：「可是如果我們把時間花去挖水管，我們一天就賺不到二十元了。」所以乙不同意甲的想法，就繼續挑水，甲開始每天只挑十五桶，利用剩下的時間挖水管。

五年後，乙繼續挑水，但只能挑十九桶，可是甲挖通了水管，每天只要開水龍頭就可以賺錢了。

想想，自己是否像乙一樣，每天把時間都花在賺眼前的二十元？還是像甲一樣，挪出時間投資自己的未來？

生命中有哪一樣美好的東西是輕鬆的來的？

「人不會苦一輩子，但總會苦一陣子，許多人為了逃避苦一陣子，卻苦了一輩子。」我常用李嘉誠這句話來勉勵孩子。別在該奮鬥的時候，選擇安逸，否則未來只好用辛苦來償還。

好走都是下坡。生命中有哪一樣美好的東西是輕鬆得來的？你喜歡每天鍛鍊身體嗎？醫學院的學生喜歡辛苦讀書嗎？不管你喜不喜歡，有時你就是必須約束自己，去做你不想做的事，因為你了解做這件事的必要性，它是達成目標的必經之路。如果我們總是挑平坦道路走，又怎麼到達巔峰？

一頭馬、一頭驢聽說唐僧要去西天取經，驢覺得此行困難重重，放棄；而馬卻立刻追隨而去，經長途跋涉取回真經。

驢問：「兄弟，是不是很辛苦啊？」

馬說：「其實在我去西天這段時間，您走的路一點不比我少，而且還被蒙住眼睛，被人抽打。其實，我是怕混日子更累。」

一般人遇到痛苦都想逃避，但成功者不在乎做一件事是否辛苦，而是把眼光放得更長遠，看到有長期的效益。是的，把眼光放遠，就能忍受眼前！

李嘉誠的名言：「吃別人所不能吃的苦，忍別人所不能忍的氣，做別人所不能做的事，就能享受別人所不能享受的一切。」

人生不要害怕吃苦，有一天當你回頭看，將會發現人生成長最快的階段，往往都是吃最多苦的時候。

受苦是一個機會，也是一個祝福，因為如果沒有受苦就不可能成長。沒有失色的過去，就不會有今天出色的你；沒有困頓的遭遇，也不會造就出堅強的你。

34 當別人要贏，你卻在找藉口，勝敗已經分明

人常犯的錯誤之一就是為自己的錯誤找藉口。不幸的是，世界上大多數的人都是編造理由的能手。聽聽下面的對話：

警察：你為什麼半夜去開別人家的大門？

小偷：我是在路上撿到一把鑰匙，想去試試看是哪一家的，還給失主啊！

牧師：你應該戒酒，難道不知道酒是你最大的敵人嗎？

信徒：可是你曾說過，每個人都應該愛他的敵人呀！

藉口，留給失敗者去說，
勝利，就由你來實踐吧！

老師：你的錯字實在多得離譜。我說過多少次了，當你覺得懷疑，就要查字典？

學生：但是，老師，我一點都不懷疑。

這些林林總總、冠冕堂皇，似是而非的解釋，人們稱它們為理由；其實都是合理化自己行為的藉口。

藉口只能讓你在原地打轉，走不出自己的人生

理由是一個解釋，藉口是一種掩飾。最典型的例子是，亞當和夏娃的故事。當他們吃了園中那棵樹上的果子，上帝來了，質問亞當與夏娃的時候，亞當說：「你所賜給我、與我同居的女人，她把那樹上的果子給我，我就吃了。」（創世記3：12）夏娃則說：「那蛇引誘我，我就吃了。」（創世記3：13）

亞當和夏娃所說的理由是為了推卸責任，掩飾過錯，卻不反省自己：為什

麼會被引誘？為什麼吃了上帝說不能吃的？這就是藉口。

你上班遲到了，就對老闆說：「對不起，我遲到了，因為車子開到半路汽油沒了。」看似理由充足也是用了藉口，因為真正的原因是你太大意，沒及早注意到汽油已經快用完。

考試沒考好，你說，「這次老師出的題目太難，大家都考不好。」，這也是藉口，真正的原因是：自己粗心，或是貪玩、不努力。「我沒把房間整理好，因為我沒時間。」，同樣是藉口，真正的原因是：沒有安排時間去整理房間，或是不想整理房間。

一個愛遲到的人，最常用的藉口就是說遇到塞車，卻不檢討自己，為什麼不提早出門，或是把塞車的時間計算在行程內；一個做業務績效不張，最常用的理由是經濟衰退，遇到難纏的客戶、銷售的產品不夠理想，卻不下去思考，為什麼有人可以做得好，或是要如何克服改善？至於事情搞砸了，失敗了，那藉口就更多了。

藉口可以讓你短暫感到安慰，自己不用太自責，讓自己舒服一點，卻一直在原地繞圈子，走不出自己的人生。

想要，你會找到方法；不想要，你會找到藉口

在我擔任主管期間，常常看到很多年輕人，雖然擁有很好的能力，卻缺乏堅持力，到了最後常變成「雷聲大，雨點小」。原因很簡單，因為每件事情開始執行後，會遇到各種困難與挫折，必須以堅定的意志力去克服，但是多數的人，都會退縮與逃避，並為自己找藉口，最後往往不了了之。

人生成敗的關鍵在兩件事——藉口或是結果。看你要解釋問題，還是解決問題：前者是找藉口，後者則是找方法。

找藉口很容易，要放棄很容易，面對問題不容易，迎接挑戰更不容易。那就是為什麼沒責任感、沒有擔當的人理由特別多；一些常常將藉口掛在嘴邊的

人，多半沒什麼出息。當對方確定要贏，而你卻在找藉口時，勝敗已經分明了。

「沒有任何藉口。No Excuse.」這句校訓被西點人不斷發揚光大。建校以來，西點軍校為美國培育了三位總統、五位五星上將、以及無數將軍和精英人才。在世界五百強企業內，董事長就有一千多名、副董事長二千多名，總經理五千多名。

下回當你沒有完成事情時，這樣問自己：「若沒有藉口的話，你會怎麼做？」藉口，留給失敗者去說，勝利，就由你來實踐吧！

「如果你真的想做一件事，你一定會找到一個方法；如果你不想做一件事，你一定會找到一個理由。」這句話許多人應該都聽過，人都是先有不想做的想法，之後才想出相應的理由和藉口。

你可以這樣反問自己就知道：「如果這是件生命攸關的事，你會做嗎？」或問：「如果給你一千萬，你做不做？」答案如果是肯定的，顯然就不是你「能不能」，而是「願不願意」的問題，對嗎？

35 把該做的事延後，也讓我們的人生延後開始

每次都告訴自己要盡早開始，但卻又一次一次對自己食言？說好的事一再延期；工作進度落後，卻還賴床；想著明天要交的期末報告，卻放不下手機；在書桌前準備好要開始讀書，卻滑了半小時看臉書動態，接著又花了一整個小時打電玩……每次都說等明天會做，心裡雖然焦慮，但還是遲遲不願面對，能拖就拖，而後你又重複再說：「我明天會做。」你已經患上了「拖延症候群」。

這會有什麼後遺症？

拖延，把該做的事延後，也同時讓我們的人生延後開始。

本來希望明天要做的事，如果能在今天就完成，明天一定充滿著希望。

拖延，會讓時間永遠不夠用，久久完成不了工作，因為它是時間的小偷。

拖延，會給自己造成無比壓力，所剩的時間越少焦慮感越強，使人心力交瘁。

拖延，會導致誠信受損，破壞合作關係，讓機遇稍縱即逝，與成功失之交臂。

先別去想「完成」有多遠多難，只要先「開始」就好

有什麼方法改善呢？以下是有助於克服拖延習性的技巧。

1. 列出好處與壞處。

拿一張白紙，寫下你未完成的事情。寫完後，列出做這件事帶來的好處，再列出拖延所引起的所有壞處，這有助於產生行動力。例如，大部分的人都不喜歡看牙醫，那又是為什麼要看牙醫？因為健康的牙齒美觀迷人；不去看牙醫

會蛀牙，造成口臭，牙齒酸痛，牙周病，心血管疾病。

2.將計畫分段或切割。

怎樣才能吃掉一頭大象？一口一口地吃。任務越大，要切越小。如果是一個月後要完成的工作，就排定每星期要完成哪些，這樣就不會因為時間太遙遠，而提不起勁。

3.給自己獎勵或懲罰。

如果你想完成某個工作，又想打電玩，就奉行「一日沒完成進度，一日不打電玩」的罰則。反過來，每完成一項計畫的工作，去做有趣的活動，也許是一頓美食或是看電影，除了獎勵自己之外，更可以有一段休息時間，重新累積能量，再出發。讓自己維持長期的戰鬥力。

4.想到就去做，現在就開始。

你若想寫報告，那就馬上去寫；若想跑馬拉松，立刻把電腦關掉，換上運動服出去……先別去想「完成」有多遠多難，只要先「開始」就好。先動起來，慢慢地動力自然會產生。先不求多，只要十分鐘，強迫自己去做你拖延的事，往往等到實際去做了之後，就會發覺沒有想像中的困難或令人討厭。

如果那件事非做不可，何不試著把它變成你想做的事？

明代錢鶴灘寫下了膾炙人口的《明日歌》：「明日復明日，明日何其多；我生待明日，萬事成蹉跎。」

別再拖到明天了。如果有一個作業要寫，你要馬上寫，還是拖到明天再寫？答案其實很簡單，馬上寫和明天再寫，其過程中的痛苦是差不多的，但是馬上寫完卻可以更多時間享受自在，那為什麼不現在就完成？

人不可以只做自己喜歡的事，討厭的事也要做。如果那件事非做不可，何不試著把它變成你想做的事？就像今天你去爬山、游泳，你會感到快樂。如果你是被懲罰，必須爬完一座山或游泳池十圈呢？同樣是爬山、游泳，你卻很不高興。

再如，我們平常可能睡到很晚都不想起床，但有時我們甚至不需要鬧鐘就會準時起床，像出國旅行，看日出，我們很興奮的半夜就起床，而且迫不及待就要出門。

當你又開始拖延、提不起勁的時候不妨檢視一下，你是不是根本不喜歡現在在做的事呢？當那些事又非做不可的時候，試著轉換角度，找出引起你興趣、或有趣的一面。

討厭的工作，今天就要做好，不要留到明天，這樣你就可以少擔心一天，還會有個快樂的明天。本來希望明天要做的事，如果能在今天就完成，明天一定充滿著希望。

別擔心不夠完美。太要求完美更容易造成拖延，因無法接受任何不符合期待的作品，那會讓自己永遠「跨不出第一步」。

別害怕失敗。成功與失敗的機率也許各有一半，但是如果不去做，成功的機率一定是零。

別再為拖延找藉口。只要你開始行動，所有造成你拖延的問題都不存在。

高寶書版集團
gobooks.com.tw

HL 070
讓不願平凡的你，全力以赴到感動自己

作　　者　何權峰
主　　編　吳珮旻
內文排版　趙小芳
封面設計　林政嘉
企　　畫　何嘉雯

發 行 人　朱凱蕾
出　　版　英屬維京群島商高寶國際有限公司台灣分公司
　　　　　Global Group Holdings, Ltd.
地　　址　台北市內湖區洲子街 88 號 3 樓
網　　址　gobooks.com.tw
電　　話　(02) 27992788
電　　郵　readers@gobooks.com.tw（讀者服務部）
　　　　　pr@gobooks.com.tw（公關諮詢部）
傳　　真　出版部 (02) 27990909　行銷部 (02) 27993088
郵政劃撥　19394552
戶　　名　英屬維京群島商高寶國際有限公司台灣分公司
發　　行　英屬維京群島商高寶國際有限公司台灣分公司
初版日期：2018 年 9 月
二版日期：2018 年 10 月

國家圖書館出版品預行編目 (CIP) 資料

讓不願平凡的你，全力以赴到感動自己 / 何權峰
著 . -- 初版 . -- 臺北市 : 高寶國際出版 :
高寶國際發行 , 2018.09
　面； 公分 . -- (生活勵志 ; HL070)

ISBN 978-986-361-564-4(平裝)
1. 修身　2. 生活指導
192.1　　　　　107010507

GOBOOKS
& SITAK
GROUP ©